Os padres
em psicoterapia
Esclarecendo singularidades

ÊNIO BRITO PINTO

Os padres em psicoterapia
Esclarecendo singularidades

EDITORA
IDEIAS&
LETRAS

DIREÇÃO EDITORIAL
Edvaldo M. Araújo

CONSELHO EDITORIAL
Fábio E. R. Silva
Jonas Luiz de Pádua
Márcio Fabri dos Anjos
Marco Lucas Tomaz
Orlando Augusto Silva Cassiano

PREPARAÇÃO E REVISÃO
Isabelle Vieira Lima
Paola Goussain Macahiba

DIAGRAMAÇÃO
Tatiana A. Crivellari

CAPA
Alfredo Castillo

CONSULTOR EDITORIAL
Edênio Valle

Todos os direitos em língua portuguesa, para o Brasil, reservados à Editora Ideias & Letras, 2023.
Nova edição revista e atualizada.

EDITORA
IDEIAS&
LETRAS

Avenida São Gabriel, 495
Conjunto 42 - 4º andar
Jardim Paulista – São Paulo/SP
Cep: 01435-001
Televendas: 0800 777 6004
Editorial: 11 3862 4831
vendas@ideiaseletras.com.br
www.ideiaseletras.com.br

Dados Internacionais de Catalogação na Publicação (CIP) de acordo com o ISBD

Os padres em psicoterapia: esclarecendo singularidades/Ênio Brito.
Aparecida, SP: Ideias & Letras, 2012.

216 p. ; 14cm x 21cm.
Inclui bibliografia
ISBN: 978-85-7698-124-4

1. Gestalt-terapia 2. Psicoterapia 3. Psicoterapia de padres 4. Psicoterapia de religiosos I. Título.

CDD-616.89143

11-11469
NLM-WM 420

Índices para catálogo sistemático:
1. Padres: Psicoterapia: Medicina
616.89143

Sumário

Prefácio	9
Introdução	11
Observações sobre a psicoterapia gestáltica ante a religião e a espiritualidade humanas	21
A atitude fenomenológico-existencial em psicoterapia	25
A psicoterapia, a espiritualidade e a religiosidade	30
A Gestalt-terapia de Curta Duração	35
Os padres em psicoterapia: algumas peculiaridades	41
1. A queixa	51
2. A autonomia	66
3. O corpo	80
4. A sexualidade e a afetividade	91
4.1. A afetividade na sexualidade	92
4.2. O celibato	96
4.3. A homo, a bi e a heterossexualidade	104
4.4. As patologias sexuais	112
5. A identidade	117
6. As redes sociais	123
7. O risco (vida protegida, inocência, ingenuidade)	131
8. A vocação para a vida consagrada	141
9. O tempo	149

10. O diagnóstico 153
11. O processo terapêutico 159
12. As questões relativas à fé 165
À guisa de conclusão 173
Apêndices
Quando a vida consagrada pesa –
considerações de um psicólogo 179
O sentido da psicologia para a vida consagrada:
considerações 185
Referências bibliográficas 197

"Os estudos das religiões têm um papel importante a cumprir no futuro próximo. Nosso momento histórico nos obriga a estudos e confrontações que nem poderiam ser imaginados há 50 anos."

Mircea Eliade (1978)

Prefácio

Ênio Brito Pinto é um psicoterapeuta sênior. É também escritor talentoso. Há vários anos vem se destacando por características que o distinguem como psicoterapeuta sério, estudioso e sensível. Ênio é conhecido como cultor da Gestalt-terapia. Por essa via chegou à fenomenologia. Devido à concepção própria que essa abordagem faz da existência humana, passou a dedicar cuidadosa atenção também às sinalizações espirituais e religiosas que subjazem às demandas que seus clientes – religiosos e não religiosos – lhe trazem. Com o tempo, como ele próprio narra na introdução do livro, bateram à porta de seu consultório alguns sacerdotes e religiosos católicos que aguçaram ainda mais sua atenção para essa dimensão em geral negligenciada por outros terapeutas. Ao mesmo tempo, ele entrou em contato com colegas psicoterapeutas que conheciam bem essa clientela específica. A ampliação teórica de seu campo perceptivo, por meio do Programa de Doutorado em Ciências da Religião da PUC-SP, foi um outro fator que o ajudou a aprofundar e rever sistematicamente o que já sabia de modo quase intuitivo. É dessa convergência que nasceu o presente livro.

A observação mais atenta lhe mostrou que seus pacientes dedicados ao ministério presbiteral na Igreja Católica tendem a apresentar certos aspectos que os diferenciam de clientes não religiosos. Ao aprofundar suas observações quanto a essas peculiaridades, ele chegou a doze observações dignas de atenção. São pontos que incidem sobre o andamento da terapia. Têm notável relevância para a compreensão das dificuldades que costumam permear o amadurecimento psicológico e existencial dos padres em terapia. Não podem ser negligenciados por um terapeuta atento às vicissitudes espirituais que marcam o existir humano, em especial quando se consagra a uma vocação que supõe uma entrega radical a Deus e ao próximo em uma instituição do peso e tradição da Igreja Católica.

O presente livro traz outras contribuições que me parecem ser muito significativas, além dos doze pontos apontados pelo autor como diferenciadores do andamento da terapia dos padres, preciosos para todo terapeuta desejoso de respeitar o processo pessoal de seus pacientes. O livro traz uma descrição rápida, mas precisa, da Terapia da Gestalt de Curta Duração, enriquecida por uma leitura fenomenológica da espiritualidade humana. Cumula com isso certas lacunas presentes em escritos da Gestalt-terapia e da Psicoterapia em geral.

Só resta augurar que os psicólogos e os responsáveis pelo bem-estar psicológico do clero católico saibam reconhecer e usar as preciosas lições e pistas das quais este livro é um rico repertório.

Prof. Dr. P. Edênio Valle
Professor de Psicologia da Religião da PUC-SP

Introdução

Ao desenvolver meu mestrado e meu doutorado no núcleo de Ciências da Religião da PUC-SP, acabei por conhecer e manter bons contatos com religiosos, especialmente padres e religiosos católicos. Por causa desses contatos, passei a conhecer também institutos católicos que ofereciam psicoterapia e trabalhos afins para o clero católico. Tornei-me colaborador de institutos assim, começando, lentamente, a lidar profissionalmente com maior proximidade com pessoas de vida consagrada. Era um campo novo e interessante que se abria. Comecei dando palestras e coordenando grupos de discussão, geralmente sobre sexualidade humana, tema sempre relevante quando se trata da vida consagrada. Nesse entretempo, assisti a alguns cursos com a intenção de compreender melhor essa clientela. Até que comecei a receber em meu consultório clientes de vida consagrada.

Quero, desde já, deixar clara uma expressão que usarei daqui em diante: quando me referir a "pessoas de vida consagrada", quero falar das pessoas que dedicam sua vida à religião, especialmente padres e religiosos católicos, os quais compõem parte substancial do universo com o qual tenho convivido profissionalmente há alguns anos. Caracterizarei aqui como leigas as pessoas que não vivem a vida consagrada.

O primeiro dos clientes de vida consagrada que atendi trouxe-me uma aproximação, de certa forma, facilitada às questões da escolha existencial por esse tipo de vida: era um seminarista, jovem ainda, em sérias dúvidas sobre continuar na trajetória da vida consagrada ou ceder aos apelos cada vez mais ardentes de sua sexualidade a exigir expressão concreta. Fizemos um trabalho bem interessante, do qual saí antevendo algumas características importantes do atendimento psicoterápico para essa clientela. Logo depois de começar o trabalho com esse seminarista, vivi uma experiência que me pareceu interessantíssima, digna mesmo de nota.

Depois do contato com os colegas religiosos da PUC, depois de começar a trabalhar com as pessoas de vida consagrada em palestras e em grupos de discussão, depois de começar a atender um seminarista, recebi para atendimento o primeiro padre. E aí vivi um fenômeno interessante, principalmente se levarmos em conta os anos todos que eu tinha como psicoterapeuta: já na sala de atendimento, na minha sala de atendimento, o cliente sentado à minha frente, eu me percebi embaraçado por não saber como chamá-lo. Fulano? Padre Fulano? Você, ou senhor?

De repente, diante daquele cliente, um padre, eu me dei conta de que não me fizera importantes perguntas antes de iniciar aquele atendimento. Eu não me perguntara sobre a minha história religiosa. E, naquele momento, quando eu, psicoterapeuta, educado em uma família católica do interior de Minas Gerais, me vi diante de meu cliente padre, minha história me atropelou e por pouco não derrubou meu atendimento. Não era o meu cliente que eu via diante de mim, mas o padre mineiro de minha infância, representante de Deus, por isso uma figura sobre-humana, digna de reverente respeito. Eu não estava diante de uma pessoa, mas diante de um arquétipo, e isso certamente não era bom para a psicoterapia. Nesse momento, eu era apenas e tão somente a mais pura e mais clara contratransferência, eu não estava ali naquela sala. Jamais alguém pode ser terapeuta de um arquétipo. Se não levado a sério, esse tipo de fenômeno pode corroer profunda e inapelavelmente o esforço terapêutico.

Imediatamente, percebi que eu não estava diante de um processo terapêutico comum, ou seja, logo notei que a clientela de vida consagrada traz importantes questões para a prática terapêutica, o que pode ser ilustrado pela observação de um jovem cliente meu. Certa vez, ele me viu despedindo-me de um cliente, um padre, o qual, ao sair, me falou: "Ênio, Deus te abençoe!". Logo depois, mal começava sua sessão, esse jovem cliente me pergunta se a pessoa que eu acabara de atender era um padre. Diante de minha resposta afirmativa, seu comentário foi bastante interessante: "A gente não imagina essas pessoas fazendo terapia, né?".

Foi exatamente essa mesma impressão que eu descobrira em mim na primeira sessão do primeiro padre que atendi: o lugar que o sacerdote ocupa no imaginário humano é o lugar do sagrado, no mínimo muito mais o lugar do curador do que o do ferido. Por mais que nossa cultura se secularize e, em certa medida, se "biologize", ainda há – e haverá de existir sempre – em cada um de nós um universo simbólico, uma possibilidade de vivermos não somente em uma realidade mais ampla que a dos outros animais, mas em uma nova dimensão da realidade, a dimensão simbólica. De certa maneira, é essa dimensão simbólica que pede atualização e ressignificação quando nos tornamos terapeutas de sacerdotes, de maneira que a pessoa, e não o sacerdote, esteja em nossa frente a nos requisitar nosso serviço. Isso tem implicações importantes na postura terapêutica, pois, no mínimo, obriga o terapeuta a visitar sua formação religiosa, sua história com o sagrado, obriga-o a rever seus conceitos e seus preconceitos ante a espiritualidade, a religiosidade, a religião, seus fenômenos e suas instituições.

Ao fazer essa revisão e, especialmente, ao se colocar diante da possibilidade de atender clientes de vida consagrada, o psicoterapeuta perceberá que os clérigos constituem uma clientela com características bem peculiares, que devem ser levadas em devida conta e corretamente trabalhadas num processo terapêutico que se pretenda eficaz e enriquecedor para o cliente. Questões que dizem respeito aos grupos de pertencimento, à sexualidade, ao projeto de vida, ao corpo, ao poder pessoal, às relações humanas, aos sonhos, ao desenvolvimento da personalidade, aos afetos, à fantasia, ao cotidiano, à saúde mental, à família, à intimidade e à própria fé, dentre tantos outros temas tão caros à psicoterapia, têm seu significado profundamente perpassado pelas idiossincrasias da vida religiosa. Essas especificidades da vida religiosa justificam o estudo e o desenvolvimento de uma atitude e de uma prática psicoterápica voltada para essa clientela.

Se aprofundarmos algumas questões ligadas à clínica em psicoterapia no Brasil, verificaremos que falta uma melhor sistematização teórica sobre a prática psicoterapêutica destinada ao clero brasileiro. Essa lacuna é a matriz deste livro.

Minha prática clínica com a clientela de religiosos se fundamenta, especialmente, embora não somente, em uma demanda importante que às vezes é negligenciada: padres que trabalham em cidades do interior, nas diversas regiões do Brasil, cidades nas quais eles não têm, ou, se têm, não têm como usar, recursos terapêuticos que os auxiliem a lidar com seus sofrimentos e suas angústias. De uma maneira geral, são padres que vivem sozinhos e são diocesanos, embora também existam padres religiosos nessa condição.[1] Quando necessitam de atendimento psicológico, recorrem ao seu superior, geralmente o bispo, ao qual apresentam seu problema. Se o bispo se sentir convencido da necessidade do acompanhamento terapêutico, ele possibilitará uma licença para que esse padre se trate. Mas o bispo, de uma maneira geral, tem um problema especial: ele precisa daquele padre naquela paróquia; há poucos substitutos, de modo que o bispo acaba por determinar um período para a licença do padre. Ele pode se ausentar de seu trabalho e ir até um grande centro para se tratar, mas deve retornar à sua paróquia num prazo geralmente exíguo.

Quando esses padres chegavam à terapia, eu não podia lhes oferecer uma psicoterapia de longo prazo, precisava proporcionar um trabalho que lhes fosse útil em um tempo relativamente curto. A partir dessa necessidade, organizei

---

[1] Há, *grosso modo*, duas maneiras de ser padre: há os padres religiosos e os diocesanos. Os padres religiosos são aqueles que vivem em congregações, que geralmente dividem uma habitação e um modo de trabalho com outros padres; os padres diocesanos são aqueles que estão vinculados mais estreitamente a uma diocese, têm uma paróquia diante da qual são responsáveis ou corresponsáveis e, de maneira geral, moram sozinhos.

meus estudos sobre a Gestalt-terapia de Curta Duração, uma modalidade de psicoterapia breve. Desses estudos, surgiram as reflexões que trago aqui sobre as especificidades da clientela composta por pessoas de vida consagrada.

A psicoterapia

Quer seja quando nos referimos a um trabalho de curta duração, quer seja quando pensamos em um trabalho de duração não determinada a princípio, caracterizar o que é a psicoterapia é um problema interessante. *Grosso modo*, no caso da psicoterapia individual, que é o interesse no momento, trata-se do encontro de duas pessoas, o terapeuta e o cliente, com o propósito de compreender a vida do cliente, visando restaurar e ampliar sua consciência e vivacidade. A psicoterapia favorece alternativas para avaliar pontos de vista, percepções e posturas que afetam o autoconhecimento, os sentimentos e o comportamento do cliente, seu jeito de estar no mundo. Ela é uma interação entre um terapeuta e um cliente e se dirige para uma mudança na vida deste último. Em todo processo psicoterapêutico existem conceitos que orientam a atitude e as intervenções do psicoterapeuta, que devem estar baseados em uma teoria da personalidade e em uma abordagem sobre o processo psicoterapêutico, a qual levará em conta o diagnóstico, a existência, ou não, de patologia e os procedimentos a serem propostos.

A pessoa levada em conta na psicoterapia inevitavelmente está inserida em grupos e em situações existenciais concretas, ou seja, existe e é parte de um ambiente, de um campo, de modo que é preciso que o psicoterapeuta tenha presente a diversidade, a heterogeneidade e a complexidade das variáveis que interferem neste campo, bem como de seus efeitos. No processo psicoterapêutico, pode-se levar em conta algumas características que especificam a clientela e que tornam possível traçar uma abordagem de prática clínica voltada especialmente para um determinado grupo como os clérigos, por exemplo.

Uma das modalidades de psicoterapia que é potencialmente de grande utilidade para os clérigos é a chamada psicoterapia de curta duração. Embora o nome de psicoterapia breve tenha se tornado o mais comum para este tipo de trabalho, ele não traz uma ideia clara do tipo de terapia a que se refere, pois dá a impressão de que a principal característica desse trabalho é uma delimitação temporal previamente determinada, o que não é verdadeiro. Mesmo que a duração deste trabalho possa de fato ser curta, a principal característica dessa forma de psicoterapia não é exatamente seu tempo de duração, mas os procedimentos e posturas demandados do terapeuta e de seu cliente.

Assim, se a psicoterapia de curta duração tem algumas propriedades especiais (o modelo etiológico; as relações entre psicopatologia e comportamentos e ajustamentos; os modelos motivacionais e cognitivos da personalidade; a atitude e a abordagem de que o terapeuta se utiliza para interagir com o cliente), ela tem também algumas semelhanças com as psicoterapias de uma maneira geral, especialmente quanto à necessidade de que haja um fundamento em uma teoria da personalidade, a qual norteará o psicoterapeuta na busca de ajudar seu cliente a ampliar seu autoconhecimento.

Meu fundamento neste trabalho é a Gestalt-terapia, uma teoria da personalidade e uma teoria da psicoterapia que faz parte da corrente humanista, ou, melhor ainda, é uma abordagem fenomenológica para a psicologia. Na Gestalt-terapia, compreende-se o ser humano como uma totalidade integrada, uma unidade indivíduo-meio e uma unidade de passado, presente e futuro, pois, para a abordagem gestáltica, o aqui-e-agora é o tempo e o lugar onde as modificações podem ocorrer, é o tempo e o lugar onde o passado e o futuro podem ser ressignificados, é o tempo da e na psicoterapia. Para a Gestalt-terapia, importa entender o ser humano como um ser em relação. Um ser em relação consigo mesmo, com o mundo que o rodeia, com suas possibilidades e potencialidades existenciais. Um organismo, ou seja, um todo animo-biopsicocultural em relação com o mundo, como demonstrarei no correr deste livro.

A partir do trabalho psicoterapêutico fenomenológico, fundamentado na Gestalt-terapia, que desenvolvo com as pessoas de vida consagrada, deparei-me, como o problema mais relevante e matriz deste livro, com a seguinte questão: como compreender a influência, no trabalho psicoterapêutico, das características especiais da clientela composta por clérigos?

Discutindo essa questão, pretendo colaborar no sentido de que se sistematizem as possibilidades de trabalhos psicoterapêuticos para a clientela composta pelos clérigos, facilitando para que, dessa maneira, essas pessoas possam ser melhor atendidas pela psicologia. Pretendo também levantar questionamentos acerca de limites e possibilidades da psicoterapia para os clérigos, propiciando que essas pessoas tenham esse aspecto de sua vida melhor compreendido pelos psicoterapeutas.

Para melhor estudar os reflexos da vida consagrada no processo psicoterapêutico dos padres, levanto algumas reflexões sobre a visão da Gestalt-terapia a respeito da religião, da religiosidade e da espiritualidade humanas, ou seja, como a religião e a espiritualidade podem ser entendidas quando relacionadas a uma prática clínica em Gestalt-terapia, uma atividade que pretende ser útil para todas as pessoas, independentemente de que prática ou afiliação religiosa elas adotem. Busco também iluminar, ainda que sumariamente, as especificidades da psicoterapia gestáltica ao lidar com aspectos religiosos do ser humano. Trato ainda da postura do terapeuta ante a espiritualidade e a religiosidade de seu cliente e a sua própria.

O passo seguinte é clarear, ainda que muito sucintamente, o que se pode chamar de Gestalt-terapia de Curta Duração, ou Gestalt-terapia Breve. Para tanto, mostro muito rapidamente – uma vez que esse assunto já foi tema de outro livro – algumas de suas principais particularidades. Esta pequena apresentação serve para mostrar a base de onde busco compreender as particularidades de uma psicoterapia de curta duração voltada para os clérigos católicos.

Então me dedico a estudar os padres enquanto população para a psicoterapia. Para isso, baseado em um olhar fenomenológico, discuto algumas das diferenças que encontro, para a prática clínica em psicoterapia, de curta duração ou de duração indeterminada, entre o trabalho feito com as pessoas de vida consagrada e os leigos. Ilustro essas observações com vinhetas baseadas na prática clínica com essa clientela.

Ao fazer esse olhar que privilegia a reflexão sobre o cliente, estou ciente de que o processo psicoterápico é um processo dialógico, ou seja, ele se dá na situação clínica, que, por sua vez, é algo que acontece *entre* as duas (ou mais, no caso dos grupos) pessoas ali envolvidas. No correr deste livro, privilegiarei, no entanto, a busca por compreensão de um dos lados dessa díade, o cliente de vidaconsagrada. Faço isso porque considero que é esse cliente que precisa ser melhor conhecido enquanto tal e, por via disso, melhor atendido pelos psicoterapeutas. Ao enfatizar o cliente nessas reflexões que início, em nenhum momento perco de vista as vicissitudes do trabalho psicoterapêutico no que diz respeito ao terapeuta. Apenas presto mais atenção ao cliente, sem, no entanto, negligenciar seu acompanhante.

Penso que é preciso incrementar uma fundamentação explícita e cuidadosa para o trabalho terapêutico com as pessoas de vida consagrada. Ao escrever este livro, quero contribuir para o desenvolvimento dessa fundamentação. Mais do que isso, quero dar a esse tema um trato científico e fundamentado em uma prática clínica séria e criteriosa.

Observações sobre a psicoterapia gestáltica ante a religião e a espiritualidade humanas

"A vida destituída do espiritual é uma vida amortecida. Nós nos tornamos tão enamorados de nossas atividades racionais e científicas que nos esquecemos do 'milagre' mais primordial de todos: nós existimos. O fato de que nós somos, ofusca, de longe, qualquer coisa que, como humanos, possamos fazer".

Richard Hycner

Meu propósito neste capítulo é levantar, sumariamente, algumas reflexões sobre a visão da Gestalt-terapia a respeito da religião, da espiritualidade e da religiosidade humanas, tema pertinente ao melhor desenvolvimento do trabalho de Gestalt-terapia de Curta Duração para clérigos. Tratarei também, sumariamente, dos fundamentos do olhar fenomenológico e dos fundamentos da Gestalt-terapia de Curta Duração, para que fique claro para o leitor qual é o ponto de vista que se constitui como fundo para todas as reflexões presentes neste livro.

Para começarmos este estudo, é preciso que, como primeiro passo, possamos ter uma definição do que entendo por religião. Assim é que, ao procurar delimitar o que se pode entender por religião, há alguns pontos que parecem ser, se não unânimes, ao menos bastante presentes: a religião é um sistema de orientação e um objeto de devoção; os símbolos religiosos evocam sentimentos de reverência e de admiração, além de estarem, em geral, associados a um ritual; na religião, encontramos também sentimentos, atos e experiências humanas em relação ao que se considera sagrado. Desse modo, no grande espectro de definições que podem ser levantadas para se entender o que é religião, encontraremos alguns elementos comuns, como a presença de mitos, ritos e símbolos, da cultura e da congregação social de pessoas, além da sustentação que a religião dá à busca de sentido para a existência e para o mundo, sem esquecer as normas morais sobre como lidar com a vida, com o mundo e com as pessoas.

Do ponto de vista psicológico, a religião tanto pode ser vista como uma fonte de força para as pessoas, como pode também ser um refúgio para a fraqueza, sendo que nenhuma dessas duas possibilidades é boa ou ruim por si mesma.

Preocupado em não identificar a religião com suas formas tradicionais de expressão, neste capítulo não especificarei ou privilegiarei uma ou outra forma religiosa, ainda que a clientela deste estudo, bem como a maior parte da população que geralmente atendo em consultório, seja cristã, mas; antes, privilegiarei uma sumária visão da abordagem gestáltica sobre a religião e o sagrado, e de como este ponto de vista interfere na prática clínica.

Nesse processo, levo em conta que o homem ocidental moderno tem uma relação com a religião que é diferente da maneira de seus antecessores, pois, de modo geral, ele está aparentemente menos imerso na religião, já que vive num mundo mais secularizado. Considero também que o conceito de "religioso" é diferente para diferentes religiões, e que ele está sujeito também à geografia e à história, de tal maneira que a cultura ocidental se diferencia do resto do mundo nesse aspecto, pois ela apresenta uma relação com a religião nunca conhecida antes, mais baseada em estudos que em fé, mais racional que intuitiva, caracterizando um mundo de certa maneira desencantado. Além disso, deve-se também considerar que, na cultura ocidental de hoje, a religião não tem mais um papel integrador, constituidor de significado, da maneira tão forte como já teve em outras épocas da história humana; ainda assim, na sociedade moderna, caracterizada pela racionalidade e a especialização, a religião é um fenômeno que permeia de maneira significativa a socialização, a individuação e a busca de sentido existencial para cada uma das pessoas desta cultura.

Embora seja dificílimo caracterizar conceitualmente com clareza a fronteira entre religião, espiritualidade e religiosidade uma vez que há uma grande porosidade e uma significativa intersecção entre esses conceitos, entendo que, para um psicoterapeuta, faz sentido e é importante buscar uma conceituação mais cuidadosa da espiritualidade e da religiosidade humanas. No meu modo de ver, o que realça na psicoterapia é a espiritualidade, dado que o foco último do trabalho terapêutico é a compreensão sobre como aquele determinado cliente vive seu mundo, aí incluída sua religião, configuradora e construtora da religiosidade desse cliente.

Assim, entenderei aqui que é a espiritualidade a responsável pela tendência humana para os sentimentos religiosos, para o contato com as coisas sagradas e para a construção da religiosidade. A espiritualidade possibilita a experiência pessoal e única da religião, compondo o que Valle (1998, p. 260) chamou de "a face subjetiva da religião". Então, neste trabalho verei a espiritualidade como fundamento da experiência religiosa, extremamente pessoal, base da religiosidade, a qual, por sua vez, não é um saber sobre a religião, mas, antes, um contato com o mistério e a uma abertura para a possibilidade da existência de outra dimensão, que é distinta e relacionada com a dimensão cotidiana.

Penso que o olhar de uma teoria psicológica sobre a religião, a religiosidade e a espiritualidade humanas deve ter como base uma visão de homem desta teoria. Assim é que relembro ao leitor que minha argumentação está fundamentada na Gestalt-terapia, uma das abordagens da psicologia fenomenológica. Como já desenvolvi a fundamentação teórica da Gestalt-terapia em outro trabalho, assim como já o fizeram diversos outros autores, não me estenderei aqui nesse aspecto, remetendo o leitor para a bibliografia deste livro, na qual podem ser encontradas boas referências sobre a Gestalt-terapia.

A atitude fenomenológico-existencial em psicoterapia

Quero, nesse momento, lembrar que uma psicologia fenomenológico-existencial, ao colocar o homem e sua experiência no centro de seus interesses, procura não modelar o ser humano por meio de uma teoria, mas buscar uma teoria que revele o homem em sua complexidade e amplidão. A visão de homem fenomenológico-existencial, conquanto não negue o trágico na existência humana, privilegia também uma visão mais ampla e, portanto, mais positiva acerca do ser humano, o que implica em certos posicionamentos que lhe são característicos no tocante à natureza humana. Estes fundamentos estão presentes na psicoterapia fenomenológico-existencial.

A atitude fenomenológico-existencial é o ponto para o qual convergem as múltiplas fontes da Gestalt-terapia, bem como é o ponto que fundamenta a concepção de homem desta abordagem. Essa atitude dá sentido e coerência aos fragmentos de influências que originaram a Gestalt-terapia, propiciando uma configuração, uma Gestalt, à semelhança de um leque, que precisa de um ponto comum que una seus segmentos para formar um novo e harmônico todo (cf. Loffredo, 1994, p. 74).

Para Tellegen (1984, p. 41), a partir desse fundamento fenomenológico-existencial, a Gestalt-terapia tem suas bases no "homem-em-relação, na sua forma de estar no mundo, na radical escolha de sua existência no tempo, sem escamotear a dor, o conflito, a contradição, o impasse, encarando o vazio, a culpa, a angústia, a morte, na incessante busca de se achar e se transcender".

É a partir desse fundamento fenomenológico que a Gestalt-terapia também entende a consciência como *consciência* de alguma coisa, uma consciência voltada para um objeto, o qual, por sua vez, é um *objeto para* uma consciência. Isso permite uma análise das vivências intencionais da consciência para que se perceba como a pessoa produz o sentido de cada fenômeno. Ou, como afirma Keen (1979, p. 24):

> o comportamento pessoal do indivíduo nos fala, e nós o compreendemos como uma fala sua – como uma expressão de seu ser-no-mundo. O objetivo da psicologia fenomenológica é abrir à nossa compreensão tantas camadas dessa expressão quantas pudermos.

É também esse fundamento fenomenológico que deve orientar a visão da abordagem gestáltica sobre a religiosidade e, especialmente, sobre a espiritualidade humana.

Esse olhar fenomenológico-existencial na psicoterapia pode ser sintetizado em sete aspectos básicos, os quais levantarei a seguir, não me furtando, porém, de lembrar que esses sete aspectos de maneira nenhuma esgotam o que se pode entender como uma psicoterapia fenomenológico-existencial. Nesses comentários, por causa do propósito maior deste livro, não me preocupo com aprofundamentos, mas sim em deixar o mais claro possível a fundamentação de meu olhar e de meu trabalho terapêuticos. Desse modo, entendo (cf. Gomes, Holanda e Gauer, 2004) que uma psicologia fenomenológico-existencial:

1. compreende o ser humano como coexistente, pois a existência se constrói na coexistência;
2. aborda o ser humano em sua totalidade e integridade, o que significa, dentre outras coisas, entendê-lo em um triplo aspecto: sendo animal, ele é natureza; tecelão de sentidos, ele é história; sintetizando a natureza e a história, é existência (cf. Augras, 1981, p. 19);
3. entende a condição humana como limitada pela imbricação eu-corpo-outro-mundo, mas não destituída de liberdade e autonomia; em outros termos, entende o ser humano como inexoravelmente em relação consigo mesmo, com seu corpo, com o outro e com o seu mundo, exercendo sua liberdade e buscando sua autonomia nessas e por meio dessas relações;
4. toma como ponto de partida a experiência consciente. Para Augras (1981, p. 20), por ser suporte da natureza e autor da história, "o homem fundamenta-se na consciência de si e do mundo". Grande parte dessa consciência pode ser ampliada por meio de uma melhora no diálogo eu-mim, ou seja, por meio da conquista de uma maior auto-observação, fruto de uma melhor e mais fluida capacidade para ser sujeito e objeto de si mesmo. A ampliação do campo de consciência do cliente é um objetivo das psicoterapias profundamente enlaçado com a melhora no diálogo eu-mim. Essa ampliação do campo de consciência, na verdade uma ampliação da

awareness,[1] significa facilitar ao cliente a obtenção de mais subsídios para que se compreenda e compreenda o mundo que habita de uma maneira mais profunda que aquela proporcionada apenas pelo senso comum. Significa facilitar ao cliente o acesso a correlações e percepções que o coloquem em contato mais profundo e mais respeitoso com a complexidade de sua existência;

5. aceita a abertura para a experiência a possibilidade de escolha a exequibilidade da redefinição do sentido da vida. Quando se fala em sentido da vida, está-se tratando de situações-limites da existência (a morte, o sofrimento, a culpa, a loucura), as quais propiciam a conscientização da frustração da maioria dos desejos e o reconhecimento de que o desenvolvimento das possibilidades humanas se apoia na liberdade para a morte, de modo que a vida do homem é um constante processo de construção e desconstrução (cf. Augras, 1981, p. 23);

6. crê na possibilidade de desenvolvimento e crescimento psicológico em condições comunicativo-relacionais realistas e compreensivas. A abordagem fenomenológica na psicoterapia se fundamenta na relação, na alteridade. A atitude dialógica por parte do terapeuta proporciona ao cliente a possibilidade de diferenciar-se e se singularizar, alicerces da autonomia, meta última da psicoterapia. A

---

1 *Awareness* é um dos principais conceitos da abordagem gestáltica. Pode ser compreendida como a possibilidade de estar em presente "contato com o evento mais importante no campo indivíduo/meio, com suporte sensório--motor, cognitivo, emocional e energético. É o experienciar e saber o que (e como) estou fazendo agora" (Cardella,1994, p. 68).

premissa básica que sustenta a importância da congruência, do acolhimento e da inclusão, por parte do terapeuta, para a relação terapêutica é a de que a boa psicoterapia, independentemente da duração prevista, se dá por meio da alteridade, do contato com o claramente outro;

7. entende a saúde como "processo de criação constante do mundo e de si, o que integra também o conceito de doença: saúde e doença não representam opostos, são etapas de um mesmo processo" (Augras, 1981, p. 11). Quando trabalho em psicoterapia, não estou particularmente interessado na determinação da presença ou da ausência de uma enfermidade, mas, antes, em descrever e compreender um jeito de ser, um estilo de lidar com a vida e com os problemas existenciais. Nesse processo, procuro antes olhar para o que o cliente traz de criativo mais do que para o que o cliente traz de problemático, visando, assim, ampliar o sentido de cooperação necessário no processo terapêutico. Agindo assim, estou mais atento ao sentido do sofrimento denunciado que às suas causas; estou mais ocupado em facilitar ao cliente retomar seu desenvolvimento e seu poder na confecção de sua história.

Mesmo com essa postura mais preocupada em entender o sofrimento do cliente como, principalmente, crescimento entravado, e não como doença, creio que numa Gestalt-terapia é desejável que se trabalhe com um conceito de saúde que oriente a postura e o olhar do psicoterapeuta quando a serviço de seu cliente. No dizer de Perls,

Hefferline e Goodman (PHG) (1997, p. 107), a pessoa sadia é aquela que se apossa plenamente do "direito de sentir-se em casa no mundo", com a responsabilidade que é a contraparte desse direito. Esse direito e essa consequente responsabilidade podem ser ampliados, clareados e melhor assumidos pelo cliente a partir de um processo terapêutico fenomenológico-existencial.

A psicoterapia, a espiritualidade e a religiosidade

Ao tratar da religiosidade e da espiritualidade humanas, mesmo sabendo que esse é um ponto controverso, parto do princípio de que o ser humano é um ser espiritual, mesmo que eventualmente sua espiritualidade não se expresse em alguma religião socialmente construída. Como já afirmei em outro trabalho (Pinto, 2009c), a religiosidade implica uma referência ao transcendente, ao passo que a espiritualidade implica uma referência ao sentido. Elas podem se encontrar, mas não são a mesma coisa: existe a possibilidade de que alguém viva uma espiritualidade arreligiosa, isto é, uma espiritualidade que não se liga a nenhuma crença religiosa (cf. Giovanetti, 2004, p. 11). Quando se dá o encontro entre a espiritualidade e a religiosidade, o ser humano se vê diante da indagação sobre o sentido último da existência. A espiritualidade, por si só, busca o sentido para a existência na existência, não necessariamente o sentido último, preocupação maior da religiosidade. Se a espiritualidade me faz buscar o sentido para a minha vida, no encontro com a religiosidade esta busca abarca também o além da vida, o último.

Então, no que diz respeito à psicologia fenomenológica e à questão sobre como poderíamos caracterizar um olhar fenomenológico e gestáltico para a espiritualidade, talvez as melhores indicações de caminhos possam ser encontradas na busca humana de sentido para a vida, uma busca que está nos fundamentos de toda a espiritualidade humana. Além de produzir sentido para os fenômenos, a própria vida – e não apenas a existência pessoal – pode ser contemplada com sentidos que transcendam ao ser humano, sentidos sagrados, o que compõe a religiosidade. O começo dessa tecelagem de sentidos e da composição do sagrado é sempre a experiência, pois a experiência do mistério e a experiência do sagrado é sempre anterior à concepção do sagrado.

Na interação com o cliente, a postura do psicoterapeuta diante da sua própria espiritualidade e diante da espiritualidade e da religiosidade de seu cliente é um dos elementos que interferirão significativamente no trabalho a ser desenvolvido. Com isso quero dizer que o modo como o terapeuta lida com a espiritualidade e com a religiosidade influenciará de maneira importante (mesmo que o terapeuta e o cliente não se deem conta disso) o cumprimento das tarefas terapêuticas mais básicas – facilitar ao cliente a busca pelos significados de seu padecimento e facilitar o movimento em que o cliente busca se tornar aquilo que é.

Juliano (1999, p. 113), uma das mais importantes gestalt--terapeutas brasileiras, lembra-nos de que "a palavra Terapia vem do grego *Therapeia* e significa fazer o trabalho dos deuses, ou estar a serviço dos deuses, ou, ainda, a serviço do Todo". Neste "trabalho a serviço dos deuses" há fundamentalmente cinco fases, ainda segundo Juliano (p. 67): a hospedagem do cliente; a libertação da expressão; a restauração do diálogo; a reconstrução da história pessoal; e a busca da história humana, passando pelo território do sagrado. Assim, também porque se torna uma estrada que passa pelo território do sagrado, a terapia se justifica plenamente como um dos possíveis caminhos para o desenvolvimento pessoal. E isso só é adequadamente possível quando a terapia leva em devida conta os fenômenos religiosos e a questão da espiritualidade.

Como já discuti em outro texto (Pinto, 2009b) a postura do terapeuta diante da espiritualidade de seu cliente, permito-me aqui trazer só o que essencialmente pode ser útil para o trabalho psicoterapêutico com pessoas de vida consagrada.

A Gestalt-terapia é um processo terapêutico útil para toda pessoa que precise de uma psicoterapia, independentemente de sua religião. Assim, cabe ao psicoterapeuta, dentro de seus limites e capacidades, colocar-se disponível para ajudar cada cliente a encontrar a mais autêntica manifestação das suas próprias espiritualidade e religiosidade, sem pretender conduzi-lo para qualquer caminho desse campo. O psicoterapeuta não tem uma verdade ou um caminho a dar para seu cliente, ele pode apenas se oferecer como um especialista, uma companhia profissional, na busca do cliente pelo seu próprio e único caminho.

Nesse processo, penso que é função da psicoterapia facilitar a postura hermenêutica que tira dos símbolos religiosos a idolatria e a ilusão, buscando, ao mesmo tempo, a restauração do símbolo, para que ele possa novamente ser uma fonte de significados e de fé. Ao agir assim, a psicoterapia se aplica a um ser humano atualmente aprisionado numa cadeia na qual os símbolos se concretizam e tomam o lugar da realidade, perdendo, assim, sua função mais cara e se transformando em objeto *no lugar de*, ou seja, em ídolos (cf. Ancona-Lopez, 1999, p. 85).

Em um trabalho terapêutico, isso implica a possibilidade da integração do símbolo e da concretude da vida, em vez de um aprisionamento no símbolo *ou* na concretude; implica uma visão holística do ser humano, possibilitadora de um trabalho terapêutico que ajude o homem a se afastar das cristalizações e que se oriente, basicamente, por três critérios: "1) a saúde do corpo, conhecida por meio de um padrão definido [e extremamente pessoal, acrescento eu] ; 2) o progresso do paciente em ajudar a si próprio, e 3) a elasticidade da formação figura/fundo" (PHG[2], 1997, p. 126).

Sob o prisma fincado na restauração da dimensão simbólica – que implica a restauração e a renovação da dimensão simbólica da religiosidade humana –, a psicoterapia abre suas portas para o trabalho com os seres humanos, independentemente da religião do cliente e do terapeuta,

---

2 O livro de Perls, Hefferline e Goodman, intitulado *Gestalt-terapia*, é costumeiramente tratado nos meios da abordagem gestáltica como PHG, em uma carinhosa homenagem aos seus autores. Daqui por diante, utilizar-me-ei dessa nomenclatura quando me referir a essa obra.

possibilitando encontros que, se compreendem as instituições e organizações religiosas às quais as pessoas se filiam, ultrapassam as circunstâncias históricas e extrínsecas dessa afiliação para alcançar, quando necessário, a compreensão da busca humana pelo Último, a confirmação do mistério, o reconhecimento da pertinência da pergunta irrespondível.

Ao pensarmos a Gestalt-terapia como estou propondo, abrem-se as possibilidades para que se trabalhe terapêutica e respeitosamente com a espiritualidade e a religiosidade dos clientes. Se isso é válido e importante para a clientela em geral, é ainda mais precioso para a clientela constituída pelos presbíteros, uma população que tem a religião em posição explicitamente central e delimitadora na vida, como discutirei mais adiante.

No atendimento dessa população, é importante que o terapeuta se lembre de que quem está em terapia não é o padre, mas uma pessoa que tem, dentre inúmeras outras características igualmente importantes, a peculiaridade de ser um padre. Na psicoterapia, ele não precisa ser compreendido em termos do catolicismo, mas em termos psicológicos, à luz de uma teoria da personalidade e da psicoterapia. Obviamente, isso não implica que sua religião e sua vida religiosa sejam desconsideradas; antes, pelo contrário, significa apenas que a religião não é o instrumento de trabalho nem a finalidade do psicoterapeuta que atende clérigos.

A pessoa a quem o psicoterapeuta acolhe é também padre, além de ser inúmeras outras coisas e possibilidades. Sua religião, sua espiritualidade e sua religiosidade exercem importante papel em sua situação existencial e em sua vida e têm de ser levadas na mais absoluta conta, com o mais absoluto respeito, com todo o simbolismo de que se investe. Não é possível que se peça, a partir da fundamentação gestáltica, que o cliente deixe uma parte de si alienada da psicoterapia, mormente quando se trata de uma parte delicada como a religiosidade: numa visão gestáltica, o ser humano é um todo *indissociável*, no qual a religiosidade não é uma falta de amadurecimento, mas uma das possíveis manifestações da espiritualidade.

Também a religião não pode ser reduzida a outras áreas, numa espécie de psicologismo, como se a ciência pudesse um dia substituir a religião. Não cabe pensarmos que nosso mundo é (ou mesmo que possa ser um dia) totalmente secularizado. Se a secularização se ampliou e se amplia na sociedade ocidental, isso não significa o fim do campo religioso, mas a necessidade de um diálogo cada dia mais acurado e sensível entre a religião e a ciência. Para a Gestalt-terapia, há o campo do profano e o campo do sagrado, componentes indissociáveis do campo existencial humano.

Para fundamentar melhor essa minha posição, faz-se necessário agora conhecer alguns aspectos relativos à prática clínica da Gestalt-terapia de Curta Duração, pois esta é a abordagem que fundamenta este estudo.

A Gestalt-terapia de Curta Duração

É Ribeiro (1999, p. 136) quem dá uma primeira e sucinta definição para a Gestalt-terapia de Curta Duração:

Gestalt-terapia individual de curta duração é um processo no qual cliente e psicoterapeuta se envolvem em soluções imediatas de situações de qualquer ordem, vividas pelo cliente como problemáticas, utilizando todos os recursos disponíveis, de tal modo que no mais curto espaço de tempo o cliente possa se sentir confortável para conduzir sozinho sua própria vida.

Entendo que quando o cliente se sente confortável para conduzir sua própria vida, isso significa que ele conseguiu, em alguma medida, após o processo de terapia de curta duração, atualizar alguns de seus potenciais, conseguiu lidar de forma mais espontânea e presente com seu momento atual, ampliou seu horizonte de futuro e confia mais na exequibilidade de seus projetos existenciais renovados no processo terapêutico.

Sob o olhar gestáltico, a psicoterapia é um processo aventuresco, tanto para o terapeuta quanto para o cliente. Para o terapeuta, a aventura maior é poder compartilhar da mais profunda intimidade com o outro, é poder viver uma relação fundamentalmente baseada na confiança, uma relação na qual o papel do terapeuta é bastante delimitado: colocar-se a serviço do outro, sem expectativas, isto é, sem ter modelos prontos para lhe oferecer, mas em busca de proporcionar ao cliente uma experiência de autenticidade da forma mais plena possível. Para o cliente, o risco da psicoterapia é conhecer-se mais profundamente e, por isso e para isso, experimentar novos sentimentos, novos comportamentos, o incremento e o apossamento da autonomia e da liberdade. Paradoxalmente, a aventura maior do cliente na terapia é mudar para tornar-se aquilo que é (cf. Beisser, 1977, p. 110).

A psicoterapia não é um processo de aprendizagem, não é um lugar onde o cliente vá *aprender* sobre si, mas, antes, é um processo de exploração do mundo e de autoexploração por meio do qual o cliente vai *descobrir* sobre si, por meio de seus sentidos e de sua *awareness*. Descobrir quer seja sobre suas belezas, quer seja sobre suas tragédias, sobre sua luz e sobre sua sombra. Ao terapeuta cabe apontar as pontes e os caminhos, os abismos e as florestas, os riscos e as belezas enquanto acompanha seu cliente na aventura de conhecer-se. Mas não cabe ao terapeuta escolher caminhos para seu cliente, uma vez que o caminho é singular para cada um. A postura do terapeuta se define principalmente por ele não ter um *a priori* para seu cliente, não ter um lugar aonde quer conduzir seu cliente, embora possa ter uma delimitação, necessariamente ampla e suficientemente vaga, do que entende como um existir saudável.

O limite e o propósito da psicoterapia, de toda psicoterapia, são ajudar o cliente a (re)encontrar seu próprio e original caminho. Realço a reflexão de Rachel Rosenberg (1987, p. 87), para que fique bem claro do que estou falando:

> o delicado equilíbrio se coloca no profissional que está presente com sua *disponibilidade* e que, sem desejar conduzir ou mesmo julgar o seu interlocutor, é capaz de ouvi-lo e responder-lhe, tendo por critério sua busca de uma realização mais autêntica e, portanto, mais plena.

Quando o cliente percebe e confia nessa postura e nesse propósito do terapeuta ao abordar temas importantes e significativos de sua vida, há um visível relaxamento da tensão na sessão terapêutica, pois o terapeuta se torna mais humanizado, deixando mais clara sua postura de pessoa atendendo pessoa, tão importante para a psicoterapia de curta duração.

Diferentemente das terapias dinâmicas, que se propõem a reconstruir personalidades, o propósito das terapias fenomenológicas é libertá-las, pois as características de personalidades potencialmente realizáveis continuam presentes, não precisam ser construídas ou reconstruídas – elas estão apenas ocultadas por crenças e/ou condutas que impedem ou limitam severamente sua expressão. Na psicologia fenomenológica, a visão de homem se sustenta em um conceito elevado das pessoas e de sua capacidade para viver plenamente a vida, ainda que isso implique fazer mudanças, às vezes dolorosas, em crenças e condutas mantidas durante muito tempo, ainda que isso implique em lidar com os aspectos trágicos da vida.

É tendo em vista essa visão de homem de base fenomenológica que Ribeiro (1999, p. 135) pode afirmar que a finalidade prioritária (embora não única) da Gestalt-terapia de Curta Duração é a de "liberar as forças preservadas da personalidade e não a de debelar sintomas. É importante que a pessoa encontre sua capacidade de fluir, de ser espontânea, porque essas capacidades pertencem à natureza da pessoa". Liberadas as forças, o sintoma perde sentido e desaparece.

No auxílio a essa fruição, o trabalho do terapeuta fenomenológico se dá especialmente a partir da superfície. Para a Gestalt-terapia, a superfície da existência é o plano do foco preordenado, a própria essência do homem psicológico. É nesta superfície que existe a consciência, dando à vida sua orientação e significado. Como bem afirmam PHG (1997, p. 36):

> em vez de extrair expedientes do inconsciente, trabalhamos com o que está mais à superfície. O problema é que o paciente (e com demasiada frequência o próprio terapeuta) passa por cima dessa superfície. A maneira como o paciente fala, respira, movimenta-se, censura, despreza, busca motivos etc. – para ele é óbvia, é sua constituição, é sua natureza. Mas, na realidade, isso é a expressão de suas necessidades dominantes, por exemplo, de ser vitorioso, bom e de impressionar. É precisamente no óbvio que encontramos a sua personalidade inacabada; e o paciente pode recobrar a vivacidade da relação elástica figura/fundo somente lidando com o óbvio, dissolvendo o que está petrificado, distinguindo o blá-blá-blá do interesse verdadeiro, o obsoleto do criativo.

Assim, numa abordagem fenomenológica, entende-se a psicoterapia como um encontro e um entendimento entre duas pessoas, delimitados por certas regras e circunstâncias, que têm como propósito facilitar a uma dessas pessoas, o cliente, o reencontro de sua abertura perante a vida, o novo, a autonomia, a liberdade, enfim, a atualização como ser humano, a sensação de estar vivo, real e podendo comunicar-se com o mundo de forma igualmente real e baseada em uma nova compreensão de si e do mundo. Essa nova compreensão alcançada no processo terapêutico traz como consequência a possibilidade de abandonar alguns aspectos da compreensão anterior, os quais, por estarem cristalizados, tornaram-se impedidores do crescimento.

Na abordagem gestáltica, quando um processo terapêutico termina, o que se finaliza é a relação concreta entre terapeuta e cliente enquanto tais. Ao fim da relação terapêutica, o que se espera é que o cliente possa continuar por sua própria conta seu processo de crescimento, independentemente agora da presença concreta do terapeuta e da terapia. O cliente – toda pessoa – nunca está pronto. Ao fim do processo terapêutico, ele está melhor, com sua possibilidade de lidar com a vida ampliada, com seus recursos mais disponíveis, com sua capacidade de conscientização e de responsabilização incrementadas, mas não está pronto nem imunizado contra os sofrimentos e o trágico da vida. Como bem afirmam os Polsters (1979, p. 271),

> a visão tradicional da terapia encerrada é ingênua e mecanicista, pois se baseia na ilusão de que, uma vez que a pessoa se liberta da visão defeituosa do mundo, este se torna maravilhoso. Na verdade, em nenhuma época o mundo foi maravilhoso, e certamente isso não acontecerá agora.

Isso posto, parece-me que as linhas básicas estão suficientemente bem traçadas quanto aos aspectos básicos da Gestalt-terapia de Curta Duração, de modo que é hora de estudar as características mais importantes da clientela de padres a partir do olhar fenomenológico dessa abordagem.

Os padres em psicoterapia: algumas peculiaridades

"Os princípios da Gestalt-terapia, em particular aplicam-se a pessoas reais que estão enfrentando problemas reais num ambiente real. O gestalt-terapeuta é um ser humano em consciência e em interação: para ele não existe uma 'clienticidade' pura. Existe somente a pessoa relacionando-se com a sua cena social, procurando crescer através da integração de todos os seus aspectos."

Erving e Miriam Polster

A proposta a partir de agora é estudar as pessoas de vida consagrada como população para a psicoterapia. Desenvolverei aqui um pouco do que tenho aprendido, estudado e elaborado a respeito dos padres católicos enquanto clientela da psicoterapia. Traçarei uma reflexão acerca de algumas das diferenças que encontro, para a prática clínica em Gestalt-terapia de Curta Duração, entre o trabalho feito com as pessoas de vida consagrada e os leigos. Assim, a partir da minha experiência e de estudos teóricos, distinguirei os padres dos leigos, enquanto população para a psicoterapia de curta duração, em doze pontos nos quais essas diferenças são mais perceptíveis e interferem mais claramente no trabalho psicoterapêutico: 1) a queixa; 2) a autonomia; 3) o corpo; 4) a sexualidade e a afetividade; 5) a identidade; 6) as redes sociais; 7) o risco (vida protegida, inocência, ingenuidade); 8) a vocação para a vida consagrada; 9) o tempo; 10) o diagnóstico; 11) o processo terapêutico; 12) as questões relativas à fé.

A psicoterapia das pessoas que dedicam sua vida ao sagrado, a alguma religião, é um tipo de trabalho que ainda demanda muita pesquisa e muita teorização. No meu trabalho terapêutico com pessoas de vida consagrada, tenho me dedicado especialmente ao atendimento de padres católicos, e é principalmente nessa experiência que me basearei daqui para a frente. Assim, em alguns momentos me referirei a "psicoterapia para pessoas de vida consagrada" e, em outros momentos, me referirei a "psicoterapia para clérigos (ou padres)", querendo, com isso, salientar que se há algo que comento aqui que vale unicamente para os padres, há muito que não se restringe a eles, podendo ser reflexões úteis para o trabalho com outros religiosos e para psicoterapeutas que atendem os religiosos de maneira geral, católicos ou não.

Com isso, estaria eu dizendo que a psicoterapia das pessoas dedicadas à vida consagrada é diferente da psicoterapia dos leigos? Ou, em outros termos, enquanto psicoterapeuta, faz diferença na maneira como eu trabalho o fato de meu cliente dedicar-se, ou não, a uma vida consagrada? Ou, em ainda outros termos, a vida consagrada traz assim tantas peculiaridades a quem a abraça que isso exige diferentes conhecimentos e diferentes posturas do psicoterapeuta? Preciso de mais conhecimentos, além dos básicos sobre psicoterapia e sobre o ser humano, para atender essas pessoas? Mais e mais, tenho percebido que a resposta a essas questões é o sim. Sim, a psicoterapia das pessoas dedicadas à vida consagrada tem importantes diferenças ante a psicoterapia dos leigos. Sim, enquanto psicoterapeuta, faz diferença na maneira como eu trabalho o fato de meu cliente dedicar-se, ou não, a uma vida consagrada. Sim, a vida consagrada traz peculiaridades a quem a abraça que exigem diferentes conhecimentos e diferentes posturas do psicoterapeuta. Finalmente, sim, eu preciso de mais conhecimentos, pois não me bastam os meus conhecimentos básicos sobre psicoterapia, sobre Gestalt-terapia e sobre o ser humano para atender essas pessoas.

Estes conhecimentos básicos são necessários, mas não suficientes. Eu posso ser um bom terapeuta se me utilizar apenas destes conhecimentos, mas posso ser melhor ainda se cuidadosamente estudar algumas particularidades comuns às pessoas que se dedicam à vida consagrada. Mas é preciso um delicado cuidado: se algum desses "sim" me fizer perder de vista aquela pessoa única, singular, que está sentada à minha frente na sessão psicoterapêutica, então ele deve imediatamente ser desconsiderado. Tal como no diagnóstico, é crucial lembrar que o mapa de uma região não é a região. As peculiaridades de um tipo de vida – no caso, a vida consagrada – não determinam como a pessoa se torna, mas compõem de maneira indelével o campo para o qual temos de olhar ao tentar compreender nosso cliente religioso.

Ao fazer esta afirmação, tenho medo de que alguém entenda que estou a defender mais uma especialização em um mundo de tantos especialistas. Já não nos basta sermos psicólogos, psicoterapeutas, gestalt-terapeutas, e ainda temos de nos especializar em uma determinada clientela? Não, não é isso que defendo. O que defendo é que o terapeuta precisa constantemente rever seu papel social, não pode se desligar dos recursos e dos conhecimentos disponíveis no momento, tampouco pode se descuidar das necessidades e dos valores que caracterizam a vida e a forma de ser das pessoas que se dispõe a ajudar. Entendo que buscar compreender as necessidades e valores das pessoas que atendemos implica uma observação atenta e cuidadosa para nossos clientes em suas idiossincrasias e naquilo que eles têm em comum com seus principais grupos de pertença. Em outros termos, repetindo o óbvio, olhar cuidadosamente para nossos clientes implica olhar atentamente também para seu campo existencial.

Já em outro trabalho (Pinto, 2004), defendi que uma das principais funções da religião é proporcionar às pessoas a sensação de pertença, uma sensação fundamental na identidade de cada pessoa. Pertença a um grupo, pertença a uma sociedade, pertença ao mundo, pertença ao (ou, ao menos, proximidade com o) sagrado. O termo "irmãos", de certa forma universal nas religiões, dá a exata dimensão dessa pertença. Aos irmãos, ensinam as religiões, deve-se solidariedade, se possível especial solidariedade. As religiões são – ou ao menos pretendem ser – comunidades. O sagrado, se tomado em sua face circunstancial e histórica, pode ter a função de facilitar ao indivíduo o pertencimento a um determinado grupo, a possibilidade de se sentir em comunhão com um determinado grupo, uma sensação básica à vida humana, uma vez que, apesar de sermos sempre seres solitários, estamos condenados ao convívio com o outro para que possamos ter uma identidade. No caso da população em questão, o sagrado torna-se uma importante característica da identidade pessoal, de modo que esse senso de comunidade se torna ainda mais importante e ainda mais visível quando lidamos com essas pessoas, as quais, mais do que serem religiosas, dedicam-se à vida consagrada.

Esse dedicar-se à vida consagrada compõe de maneira especial o mundo que a pessoa habita, quer seja em seus aspectos simbólicos, quer seja em seus aspectos concretos, como, neste último caso, por exemplo, nas congregações religiosas, as quais exigem que seus membros deixem suas famílias de origem para viver em fraternidade nas congregações. Não só por isso, mas também por isso, podemos, ao olhar fenomenologicamente para essas pessoas, entender que a vida consagrada traz como uma de suas consequências uma peculiar visão do mundo, um peculiar significado para o ser no mundo.

Para o ser humano, a realidade exprime-se também na sua maneira de ser no mundo. A relação entre o homem e o mundo guarda tamanha intimidade que seria errado, num exame psicológico, separá-los. Isso porque, se não levarmos em conta essa relação, o cliente deixará de ser esse cliente particular, e o seu mundo deixará de ser o seu mundo. Como nos ensinou van den Berg (1981, *passim*), o mundo de cada pessoa não é somente um apanhado de objetos que podem ser cientificamente descritos. O mundo é o lar, o ambiente, a casa, "uma realização de subjetividade". Não há como se descrever um sujeito sem que se elabore a cena na qual ele se revela.

O mundo das pessoas de vida consagrada tem algumas peculiaridades cujo conhecimento é importante para que o psicoterapeuta possa colocar-se com mais eficiência a serviço dessa clientela. Também com relação a outros aspectos da vida, há algumas importantes diferenças entre as pessoas dedicadas à vida consagrada e as pessoas leigas. Vou comentar algumas diferenças que tenho descoberto, mas, antes, não posso deixar de mencionar alguns aspectos relevantes que revestem o surgimento do sacerdócio na história das religiões, aspectos esses que facilitarão a compreensão de algumas das peculiaridades das pessoas de vida consagrada na psicoterapia.

O sacerdócio existe desde os primórdios das religiões, ao menos desde o período Neolítico. Há documentos que vinculam o sacerdócio às construções megalíticas que demonstram que ele tem parentesco de origem com a evolução do que resultou no xamanismo, provavelmente já no paleolítico (cf. Santidrián, 1996, p. 404). A antropologia mostra uma estreita correlação entre sacerdócio, rituais e sacrifícios. O sacerdócio especializado e a formação de castas sacerdotais estabelecidas e com poder no todo da cultura e da sociedade são um fenômeno posterior, mas têm suas raízes nos primórdios da história documentada. O que encontramos no âmbito judaico-cristão guarda relações com o sacerdócio profissionalizado, poderoso e hereditário, vinculado aos templos e aos ritos sacrificiais. Algo nessa direção pôde ser encontrado na Suméria, na Mesopotâmia e nas civilizações greco-romanas. Na Índia, China e Pérsia antigas, bem como nas religiões institucionalizadas das culturas indígenas pré-colombianas, aparecem formações históricas com traços bem semelhantes. Em outros continentes, como a África e a Oceania, por exemplo, mesmo sem atingir esse grau de sofisticação organizacional, a ascendência social que cabe aos xamãs e detentores do poder religioso mágico é inegável.

Na história do cristianismo encontramos um desenvolvimento semelhante, embora com características próprias que irão, por sua vez, influenciar a formação e as concepções teológicas que caracterizam e diferenciam as concepções cristãs sobre o sacerdócio e o culto cristãos, centrados na pessoa de Jesus. Com a Reforma Protestante, o caráter hierárquico do sacerdócio na Igreja Católica se acentuou ainda mais. O impacto do Concílio Vaticano II (1962-1965), embora tenha trazido novos elementos para o seio da Igreja Católica, não chegou a quebrar o poder eclesiástico e sacro que havia sido reforçado pelo Concílio de Trento exatamente para contrapor-se às transformações trazidas pelo Iluminismo moderno e pela crítica protestante. São processos que chegam até a Igreja do Brasil e afetam profundamente a formação do clero e da vida religiosa (cf. Valle, 2006, p. 73).

Sobre isso escreve Santidrián (1996, p. 405):

dentro deste sacerdócio oficial encontramos as castas sacerdotais, as escolas e sua conseguinte organização hierárquica e influência doutrinal e política que controla e domina a ciência, a vida pública, social e religiosa. (...) O sacerdócio liga-se sempre ao conceito que se tem de Deus e do "sagrado". Desde a definição do sacerdócio e do sacerdote como "instituição que manipula o sagrado" e o torna intermediário – pontifex – entre Deus e o homem ou entre Deus e o povo, o sacerdócio se entende e se realiza das mais distintas maneiras.

Se essa é a realidade antropológica em que o culto e o sacerdócio se desenvolveram nas religiões ao longo dos milênios até chegar, no nosso caso, ao cristianismo e ao catolicismo, não é de se estranhar que um jovem que passa, por anos e anos, pela instituição do seminário e se insere no clero sofra uma profunda influência dos processos de formação aos quais é submetido. A compreensão da influência do papel da formação sacerdotal na personalidade do clérigo requer um aprofundado estudo do sacerdócio nas religiões históricas e pré-históricas, bem como uma cuidadosa análise institucional, o que forneceria elementos preciosos para uma compreensão mais abrangente das vivências condicionantes e peculiaridades que, como terapeuta, vejo emergirem no atendimento de clérigos e religiosos. São pontos que mereceriam, por si sós, uma consideração bem mais detalhada, mas que fugiria do escopo deste livro. Por isso, restrinjo-me aqui a apenas mencioná-los, remetendo o leitor para trabalhos que se ocuparam dessas áreas (como Santidrián, 1996; Mézerville, 2000; Pereira 2004 e Benelli, 2005), para que eu possa me dedicar mais especificamente às reflexões sobre o trabalho psicoterapêutico com o clero.

Quero, no entanto, destacar que é especialmente interessante para um psicoterapeuta o trabalho de Benelli, que trata da influência da formação no seminário sobre a subjetividade do seminarista. Para Benelli, o seminário é um contexto propositadamente organizado para enfocar os sentimentos e opções que tocam na complexa dimensão psicológica da experiência religiosa ligada ao exercício da missão de presbítero. A partir dos trabalhos de Michel Foucault e Erwin Goffman, Benelli chega a conclusões importantes para quem se dedica aos estudos sobre os seminários católicos, especialmente os brasileiros. Para ele, o seminário católico é uma instituição mais de enquadramento disciplinar do que estimuladora da liberdade e da consciência pessoal esperadas para uma personalidade adulta. Para Benelli, o seminário provocaria nos formandos uma atitude infantil de submissão social e de ajuste ao que a instituição exige e precisa de quem se põe a seu serviço como sacerdote; com isso, o que aconteceria mais comumente seria, como já salienta Libânio no prefácio da obra de Benelli, a criação de uma situação que favorece o surgimento, na pessoa, de atitudes contraditórias entre si e a realidade. Essas atitudes fariam incidir na pessoa certa ambiguidade, uma divisão entre a afirmação do ideal inculcado e a negação desse mesmo ideal na realidade vivida.

    Nas reflexões que faço e que farei neste livro, estou mais atento ao que diz respeito mais estritamente ao processo terapêutico; então, comentarei sobre algumas peculiaridades dessa clientela em doze aspectos importantes do trabalho psicoterapêutico. Tenho claro para mim que farei uma leitura de caráter geral, esperando que isso esteja igualmente claro para quem acompanha meu raciocínio: não há como teorizar sem momentaneamente perder de vista cada pessoa que se atende em consultório, da mesma maneira que não há como se atender bem uma pessoa se, ao se entrar na sala de terapia, o psicoterapeuta estiver embrulhado apenas em saberes teóricos. Dizendo de outro jeito, Forghieri (2001, p. 6) cita, em seu livro, uma interessante fala de Franco Montoro: "cultura, sob certo aspecto, é o que resta quando a pessoa esquece tudo aquilo que aprendeu [...] por isso o ensino não pode se limitar a simples informações". Pode-se fazer um paralelo dessa afirmação com a terapia e dizer o seguinte: quando diante do cliente, é bom que o terapeuta se esqueça de tudo o que aprendeu e esteja com o cliente. Nesse caso, a teoria é fundo e deve ser fundo confiável, tão confiável que não pede – nem mesmo se permite – tornar-se figura. O aprendido, se vier a se tornar figura, toma o lugar do vivido, atrapalhando a ocorrência do momento terapêutico. Há a hora de refletir teoricamente; e há a hora de praticar. Quanto melhor a teorização, melhor fundo terá a prática. Agora, neste livro, é hora de refletir teoricamente sobre a prática vivida.

É óbvio, mas não custa ressaltar, que o que estou dizendo é que o psicoterapeuta não pode perder de vista a pessoa que está diante dele no momento da situação terapêutica. As generalizações são úteis, mas não podem, de maneira nenhuma, se sobrepor ao contato humano entre terapeuta e cliente em terapia. Quando levanto essas doze diferenças entre a psicoterapia para pessoas de vida consagrada e a psicoterapia para leigos, estou consciente de que cada cliente de vida consagrada atendido não se encaixará em todos esses critérios.

Minha intenção ao levantar esses pontos é que eles facilitem ao psicoterapeuta o contato com a individualidade e as idiossincrasias de cada cliente. Ou seja, esses doze pontos são apenas referências que visam facilitar a compreensão por parte do terapeuta acerca do cliente; portanto, não podem se tornar camas de Procusto para cada cliente atendido.

Vejamos, então, os doze pontos que destaco como os marcadores mais importantes das diferenças entre a psicoterapia para leigos e a psicoterapia para pessoas de vida consagrada.

1. A queixa

No que diz respeito à queixa, há duas peculiaridades na psicoterapia de pessoas de vida consagrada que me chamam atenção.

A primeira é que muito raramente a queixa é expressa por apenas uma voz. Na maior parte das vezes, ela vem expressa pelo cliente que nos procura e pelo seu bispo, seu formador ou seu provincial, ou seja, algum superior hierárquico no mundo religioso. Não raramente, ao se atender um padre para uma primeira entrevista, atende-se também, ainda que às vezes somente por telefone, seu superior, que deseja dar algumas informações básicas em troca de um parecer que o norteie no trato com o cliente; o superior quer também, quando isso é possível, uma previsão quanto à psicoterapia. O cliente de vida consagrada costuma chegar amparado para a psicoterapia, o que não deixa de ser, em certa medida, tranquilizador para o terapeuta.

A segunda característica dessa população, especialmente válida para os padres, é que às pessoas de vida consagrada custa muito reconhecer que estão em crise. Se para o cliente leigo (principalmente se for homem) a busca pela psicoterapia só se dá depois de inúmeras tentativas por outros caminhos (médicos, amigos, charlatães, mágicos, religiosos, drogas, livros de autoajuda, força de vontade, mudanças concretas de emprego, de residência ou de casamento etc.), para o cliente de vida consagrada esse caminho costuma ser ainda mais longo. Dessa forma, é comum receber pessoas bastante feridas a exigir e merecer delicado acolhimento.

De uma maneira geral, quando o padre se percebe em sofrimento íntimo, como toda pessoa, ele busca uma solução através do que lhe está mais facilmente ao alcance. Alguns buscam a oração, outros buscam os amigos, outros ainda seus superiores, e por aí afora. Há uma série de alternativas que podem ser buscadas antes que se pense em uma psicoterapia, como mostram algumas pesquisas que comentarei mais adiante. Sobre isso, penso que os padres não se diferenciam da população em geral, especialmente os homens. O que os diferencia do restante da clientela em psicoterapia é que muito raramente a busca pela terapia é feita diretamente pelo padre – entre o padre e a psicoterapia há uma ponte, normalmente representada por seu superior hierárquico. Isso se dá, dentre inúmeros outros motivos, por causa da própria hierarquia, marcante na Igreja, e por causa das despesas financeiras a que a psicoterapia obriga.

Na questão da decisão pela terapia, há comumente um de dois caminhos a ser percorrido pelo padre. Ou ele sente que precisa de terapia e procura seu superior para falar sobre isso, ou, o que é mais comum, seu superior ou um colega próximo percebe a necessidade da terapia e a sugere ao padre. No primeiro caminho, percebo que pesa muito o voto de obediência: o padre pode sentir-se culpado, como se estivesse praticando uma traição, se procura uma terapia por conta própria. Há, associado ao voto de obediência, certo senso de lealdade, bastante peculiar dos padres, que os faz sentir necessidade de comunicar ao seu superior hierárquico passos que julgam ser muito importantes em sua vida. Assim, por exemplo, se um padre se percebe atraído sexualmente e sente que essa atração é séria e não apenas um flerte ocasional, é muito frequente que, assim que pode, ele comunique ao seu bispo ou ao seu provincial o dilema que vive naquele momento de sua vida. Essa comunicação traz embutido um pedido de ajuda e de compreensão que merece ser acolhido com seriedade e continência, o que em geral realmente ocorre.

É nas discussões sobre o sofrimento (dos mais variados tipos, não apenas os ligados à sexualidade) pelo qual o padre passa naquele momento que a possibilidade de uma psicoterapia emerge como alternativa, embora raramente ainda como primeira alternativa. Quero crer que, para uma parcela crescente do clero, já vão longe os dias em que havia certo preconceito ante a possibilidade de se submeter a um processo psicoterápico, como se pudesse haver alguma incompatibilidade entre a psicoterapia e a fé. O trabalho sério e respeitoso de psicólogos e psicoterapeutas com a clientela clerical, inclusive e especialmente com os formandos (ver, por exemplo, Mézerville, 2000, e Pereira, 2004), somado ao fato de que são inúmeros os religiosos que se tornaram psicólogos e psicoterapeutas, tem aberto de forma cada vez mais transparente e mutuamente enriquecedora as portas do diálogo entre psicoterapia e a religião, a vida consagrada; embora, é bem verdade, ainda haja muito a caminhar nesse aspecto, como comentarei no item 12 deste capítulo.

Um segundo caminho que pode ser trilhado pelo padre até à psicoterapia, o que me parece o mais comum, infelizmente, é aquele em que o padre suporta seu sofrimento até um limite de muita dor, quando, então e só então se deixa descobrir necessitado de ajuda. Obviamente, esse deixar-se descobrir não é feito de maneira deliberada ou consciente, mas, mais comumente, de maneira aparentemente involuntária, como se o padre tivesse sido "traído" por sua porção existencial mais saudável, aquela que sabe pedir socorro quando há a necessidade de pedir socorro. A grande maioria dos padres que atendi em psicoterapia até hoje se enquadra nesse caso. Um exemplo é o do padre que, a partir de algumas situações de grande sofrimento pelas quais passou, começou a exagerar na bebida, até o dia em que rezou embriagado uma missa, provocando queixas dos fiéis ao bispo, o que levou o padre a uma internação para tratamento do alcoolismo e, posteriormente, à psicoterapia, para a elaboração de sua situação frente à bebida e outras questões. Outro exemplo foi o de um padre que, apaixonado e mantendo uma relação amorosa com outro homem, resolveu que deveria, por dever de lealdade, contar para a família do companheiro sobre o relacionamento que mantinham, o que gerou considerável desconforto, a ponto de obrigar o bispo a transferir o padre de paróquia, além de o encaminhar para uma psicoterapia.

Quando o superior sugere ou obriga o padre a fazer terapia, comumente entra em contato com o terapeuta depois que se inicia o processo psicoterapêutico. Quando faz esse contato, o superior quer dar informações, quer fazer explícito seu ponto de vista, ao mesmo tempo que deseja receber orientações do psicoterapeuta sobre como lidar com aquela pessoa e com aquela problemática, da mesma maneira que quer também um prognóstico sobre aquela situação vivida pelo padre. Em virtude de uma peculiaridade da maior parte da clientela clerical que tenho atendido – padres do interior de todo o Brasil que vêm a São Paulo para a terapia –, tem sido mais comum eu conversar com os superiores pelo telefone; tem acontecido também de o bispo ou o superior imediato do padre, quando em viagem a São Paulo, solicitar uma entrevista para conversar pessoalmente sobre o padre que estou atendendo.

É por causa dessa participação do bispo ou do superior imediato do padre que digo que, na terapia do padre, a queixa vem expressa em pelo menos duas vozes, a do próprio padre e a de seu superior. Isso acaba por se tornar um ponto delicado da terapia, pois exige do terapeuta cuidadosa atenção à legítima solicitação do superior, ao mesmo tempo em que não pode perder de vista o fato de que seu cliente é o padre, não o superior dele ou a Igreja. Essa triangulação que se estabelece, terapeuta – padre e superior – com a Igreja de fundo, tanto pode ser extremamente benéfica para a terapia quanto perigosamente danosa. De qual desses dois limites o processo terapêutico vai mais se aproximar dependerá principalmente da habilidade do terapeuta ao filtrar as informações recebidas e ao se comprometer com seu cliente, o padre.

Quando digo que a atenção do terapeuta está voltada prioritariamente para o seu cliente, não quero dizer que a relação que estabelece com a Igreja não importa. Dizer que o terapeuta não trabalha para a Igreja, que ele não tem como meta satisfazer as expectativas da Igreja, não quer dizer que ele não deva levá-la em consideração. Desconsiderar essa instituição em uma terapia de clérigos é, de resto, impossível: a Igreja faz marcante presença no fundo do qual se destaca a figura da relação terapeuta-clérigo. Estando no fundo, é óbvio, ela interfere na figura, e interfere de uma maneira tão marcante e tão importante que essa colocação da Igreja nesse fundo pede – e merece – um estudo à parte, tão complexa que é essa questão.

Por causa dessa complexidade, não cabe aqui me alongar ou me aprofundar em demasia nesse tema. Tampouco posso desconsiderá-lo. Para não me tornar presa de um impasse, me resta então, depois de apontar essa presença da Igreja no fundo, realçar que me parece fundamental que o terapeuta trabalhe incessantemente para não permitir que esse fundo se torne figura, mas que também não seja desconsiderado.

Essa é uma tarefa hercúlea para o terapeuta, para a qual a abordagem gestáltica dá sólidos fundamentos. A proposta gestáltica de base, de que não se pode considerar o cliente sem seu campo, possibilita ao terapeuta olhar com menos tensão para a presença da Igreja na relação terapêutica. Olhar com menos tensão, no entanto, não é olhar sem tensão alguma. A Igreja, enquanto concretude e enquanto símbolo, interfere no olhar do terapeuta e do cliente e interfere no *entre*, no qual se dão a relação e as situações terapêuticas. Isso também não pode ser desconsiderado.

Se situamos a Gestalt-terapia no rol das psicoterapias que se preocupam com a restauração do símbolo, como já comentei, isso também quer dizer que o terapeuta deve procurar se colocar com liberdade diante dos símbolos e das concretudes religiosas de seu cliente e também perante os seus próprios símbolos e concretudes. Isso o desobriga de satisfazer as expectativas da Igreja e o obriga a considerar com seriedade essas mesmas expectativas. Se, de outro modo, o terapeuta se preocupa em satisfazer (e não apenas em considerar respeitosamente) as expectativas da Igreja, ele muda seu trabalho para algo que Wulff (1997, p. 635) chama de afirmação literal do objeto religioso, o que é incompatível com a Gestalt-terapia.

Uma das formas de consideração para com essas expectativas da Igreja é um olhar atento para as especificidades (e para a prática) da fé católica, como discutirei no item 12 deste capítulo. Uma outra forma é o acolhimento do bispo ou superior do padre que está em terapia, conforme detalharei mais no item 2 deste capítulo; mas já agora pretendo fazer alguns comentários sobre esse assunto.

Não cabe ao terapeuta não receber o superior do padre sob a alegação de que isso poderia contaminar a relação terapêutica, uma vez que essa participação é comumente parte integrante da terapia das pessoas de vida consagrada e geralmente aceita pelo cliente. Não cabe ao terapeuta sequer pensar em procurar onde está a verdade, ou quem tem razão dentre as duas vozes que portam a queixa para determinada terapia. Cabe ao terapeuta acolher as duas vozes; autenticá--las em sua busca pela solução para uma situação existencial problemática; refletir sobre elas com base em seu suporte teórico a fim de ajudar a pessoa que o procura em sofrimento psíquico. A não ser que seja limpidamente a serviço de seu cliente, não cabe ao terapeuta revelar ao superior informações que detenha sobre seu cliente, o que coloca o terapeuta em uma situação bastante delicada, na qual ele tem de ter absoluta clareza sobre seu comprometimento com seu cliente, para que o trabalho possa ser verdadeiramente terapêutico. Nesse aspecto, a psicoterapia de clérigos guarda muitas semelhanças com a psicoterapia de adolescentes, na qual é obrigação do terapeuta acolher também a família do seu cliente adolescente. A atitude do terapeuta em nosso caso deve ser a mesma que ele tomaria ao lidar com a família dos adolescentes: desde a primeira conversa com os superiores deve ficar claro que não haverá segredo, perante o cliente, a respeito do que for conversado entre o terapeuta e o superior hierárquico do religioso. Detalharei mais um pouco adiante sobre como se pode lidar com isso na psicoterapia, além de comentar os profundos problemas éticos em jogo nesse trabalho, quando comentar mais detalhadamente as questões relativas à autonomia na vida consagrada.

Tenho por hábito, quando recebo o bispo ou o superior de meu cliente, ainda que apenas por telefone, abrir um espaço para conversar um pouco sobre o processo terapêutico. Aproveito esses momentos para discutir os limites da psicoterapia, para ouvir as dúvidas e as expectativas do superior, para esclarecer como é a fundamentação teórica do meu trabalho e a importância do comprometimento do terapeuta com o padre, seu cliente. Nessas conversas iniciais, tenho especial atenção para com as expectativas que o superior guarda quanto ao desenvolvimento e ao resultado da psicoterapia, pois não se pode perder de vista que os superiores, mesmo que conheçam bastante sobre psicologia, não são psicoterapeutas e precisam ajustar suas expectativas às possibilidades e limitações do trabalho psicoterapêutico. Com isso, eu trabalho especialmente contra as projeções que comumente se constroem sobre a psicoterapia, especialmente aquelas que confundem o trabalho terapêutico com algo que tenha como propósito provocar uma adaptação passiva do cliente a algumas condições que lhe são tóxicas. Da mesma forma, trabalho contra as projeções que esperam que, ao fim do trabalho psicoterapêutico, o cliente se torne bem-adaptado e dócil, modelado segundo expectativas ou padrões externos, pois isso é uma coisa que não acontece em um trabalho terapêutico bem desenvolvido. Ao fim de uma psicoterapia bem-sucedida, é razoável esperar que o cliente se torne mais tolerante e cordato, mais simples e solidário, mais responsável e exigente, assim como é igualmente sensato esperar que ele se torne mais honestamente crítico e combativo na defesa de si, de seus pontos de vista, de seus direitos e de seus valores mais profundos.

Em uma psicoterapia de curta duração, para se alcançar esse bom resultado, a boa audição da queixa é fundamental. No caso dos padres, há um aspecto da queixa que me parece essencial tratar aqui: a maneira como os homens costumam expressar e lidar com seus sofrimentos emocionais é bastante característica e é também uma marca dos padres, pois eles são, antes de tudo, homens. Para os homens, é muito mais comum a busca da psicoterapia somente quando o sofrimento está muito dolorido, as feridas muito abertas, de modo que, quando um homem procura a terapia, é comum, como já disse, que ele esteja bastante ferido, a exigir e merecer sensível e cuidadosa acolhida.

É voz corrente entre terapeutas e médicos que os homens são mais displicentes no cuidado com a saúde que as mulheres. Isso é válido também para a psicoterapia. Apoiado em inúmeras pesquisas que correlacionam gênero e cuidados com a saúde, Figueiredo (2005, *passim*) afirma que é notável o fato de os homens apresentarem, em todo o mundo, uma situação de saúde desfavorável no que diz respeito aos diferenciais de indicadores de mortalidade entre os sexos. O autor lembra ainda que, na maioria das causas de morte, os homens apresentam índices mais elevados na comparação com as mulheres, e credita isso ao fato de os homens assumirem, por causa da construção do gênero, comportamentos considerados pouco saudáveis, que estão relacionados a um modelo de masculinidade idealizado, no qual estão presentes noções de invulnerabilidade e de comportamento de risco, associadas a "dificuldades de verbalizar as próprias necessidades de saúde, pois falar de seus problemas de saúde pode significar uma possível demonstração de fraqueza, de feminização perante os outros. Denota-se daí a ideia de feminização associada aos cuidados de saúde" (p. 107).

Esse raciocínio, feito a propósito de doenças mais graves, argumenta o autor, vale também para aquelas manifestações de sofrimento que não colocam a vida em risco de maneira imediata, embora devam ser tratadas, como, acrescento eu, é o caso de muitos dos problemas psíquicos.

Uma das características da população masculina, de maneira geral, e dos padres, em particular, no que diz respeito ao desenvolvimento da identidade masculina e ao cuidado com a saúde é um contato mais empobrecido com o corpo, fator tão relevante para o psicoterapeuta, que será alvo de comentários mais pormenorizados mais adiante, neste capítulo.

Discutindo a condição e a subjetividade masculinas, Boris (2000, p. 80) sustenta que o masculino

> é sempre construído negativamente: não pode ser uma mulher, uma criança ou um homossexual, tendo de comprovar constantemente sua condição de homem, de adulto e de heterossexual.

No que diz respeito às dores, elas são vistas, na maioria das culturas conhecidas, como próprias da condição feminina, o que faz Boris (2000, p. 61) concluir que "os homens, ao sentirem dor, devem suportá-la e nunca se queixar e se lamuriar, como é culturalmente permitido às mulheres". Depois de lembrar que atualmente a diferença de mortalidade entre homens e mulheres está em torno de oito anos em todos os países ocidentais, exceção feita à Islândia, "país conhecido por sua condição igualitária quanto às relações sociais de gênero", Boris (2000, p. 70) argumenta que, mesmo tendo em vista que os homens têm necessidades psicossociais semelhantes às das mulheres, quer dizer, ser ativo e passivo, amar e ser amado e manifestar emoções e sentimentos, a ilusão viril, ainda em grande parte, continua proibindo ou limitando os homens na expressão de suas reais necessidades e na adoção de algumas atitudes verdadeiramente humanas.

Boris reitera que é preciso considerarmos, nas reflexões sobre os homens e a masculinidade, uma comum e excessiva preocupação com o desempenho sexual, bem como vivências de violência, além da competição e do estresse profissionais comuns entre os homens, para termos uma noção mais próxima das pressões que ainda moldam e dão significado a uma busca por "fortaleza" por parte do homem. Essas pressões, ainda segundo Boris, fragilizam o homem, colocando-o frequentemente ante vivências "de ansiedade, de angústia, de temor do fracasso e de claras dificuldades com a expressão de seus próprios sentimentos, muitas vezes tendo como consequência o desenvolvimento de doenças psicossomáticas ou a manifestação de comportamentos compensatórios de violência".

Pesquisas com presbíteros confirmam essa tendência masculina da busca por "fortaleza" também entre os padres. Por exemplo, a pesquisa do Ceris (2004, p. 20), concluiu que há parcela significativa de padres que guardam o problema consigo ou não respondem ao quesito da pesquisa sobre dificuldades no campo afetivo (crise vocacional, sexualidade, relações interpessoais etc.): 20% dos padres que responderam à pesquisa disseram que recorrem a Deus para pedir ajuda para lidar com essas dificuldades; alguns padres declararam que nunca passaram por dificuldades no campo afetivo (4%); outros, quando se encontram em dificuldades, não recorrem a ninguém (5%), assim como não costumam procurar pessoas da família para partilhar seus problemas pessoais.

Completando a amostragem, os pesquisadores do Ceris informam ainda que 37% dos respondentes recorrem geralmente a um padre amigo. Há outros que recorrem: ao confessor (8%); a um diretor espiritual (6%); a amigos(as) leigos(as) (4%); e ao bispo (1%).

Há de se salientar, no entanto, que a pesquisa do Ceris não dá ao respondente a alternativa da busca de ajuda profissional, pois, na questão de múltipla escolha em que se pergunta sobre a vivência de dificuldades no campo afetivo, há apenas como possíveis respostas de manejo da crise as alternativas levantadas no parágrafo anterior (ninguém; padre amigo; Deus; amigos leigos; bispo; diretor espiritual; confessor; família; nunca passou por dificuldades nesse campo;

sem informação). Os que não deram informação somam a significativa cifra de 11,7%, como se pode notar no gráfico da página 50 da referida pesquisa. Fica a curiosidade sobre quais motivos teriam levado os pesquisadores do Ceris a não levantarem a possibilidade de uma ajuda profissional por parte do presbítero para a superação de crises.

Hiriart (2002, p. 42) estudou a possibilidade e os caminhos da busca de auxílio psicológico em sua pesquisa com sacerdotes chilenos. Tratando das respostas sobre o manejo das crises sacerdotais, concluiu que, quando em crise, "a maioria dos sacerdotes recorre às autoridades da diocese, aos superiores da congregação, ao diretor espiritual ou ao confessor, buscando continência e conselho". Como segunda possibilidade de busca de ajuda, há um grupo que procura o apoio de seus pares; há também aqueles que se apoiam na família ou em leigos que os auxiliam nas tarefas pastorais. Ainda segundo Hiriart, são muitos os que tentam resolver sozinhos as crises, geralmente resignando-se ou recorrendo a orações. Diz Hiriart que "há que considerar-se que um grupo significativo se isola. Às vezes como consequência da incompreensão dos outros, às vezes antes mesmo de qualquer tentativa de buscar apoio".

Hiriart afirma que é nesse último grupo, dos que se isolam, que se encontram os testemunhos mais dramáticos. Além disso, nesses casos, depois de passada a crise, o estado de ânimo e a satisfação com a vida consagrada estão piores que antes. Se a esses sacerdotes somamos aqueles para quem a crise não foi superada, encontramos "um grupo significativo de sacerdotes para quem as crises, longe de ser um momento de revisão e crescimento, são somente momentos de mal-estar subjetivo que não sabem muito bem como manejar, e que por muito tempo os debilitam" (p. 43). Para Hiriart, muitas vezes são os outros sacerdotes que percebem que algo não vai bem e ativam mecanismos de ajuda, como a psicoterapia. Assim, "não são poucos os sacerdotes que procuram algum profissional, principalmente psicólogos. Ainda que muitas vezes sejam encaminhados, em geral aceitam a recomendação, e avaliam como uma boa experiência" (p. 42).

Observando o quadro em que Hiriart (p. 43) distribui seus pesquisados pelos recursos utilizados para fazer frente às crises, percebe-se que são 8,8% os que procuram ajuda psicológica ou psiquiátrica, número que me faz pensar que o campo do atendimento psicoterápico de sacerdotes ainda tem muito o que se desenvolver, ou seja, a queixa dos sacerdotes ainda não tem nos consultórios dos psicólogos o suporte que seria de se desejar.

Uma das maneiras para que se coloque esse tipo de serviço mais claramente à disposição das pessoas de vida consagrada é a ampliação, por parte dos psicoterapeutas, dos estudos sobre essa clientela, uma das justificativas, aliás, para este livro. Outra maneira vem dos inúmeros trabalhos que já se fazem em seminários católicos, trabalhos que têm, a pouco e pouco, conseguido vencer alguns preconceitos que uma parte dos religiosos ainda tem com relação ao auxílio psicoterapêutico. Sobre isso, comentarei mais adiante. Em todo caso, é importante que se tenha presente que ainda há muito a se desenvolver no que diz respeito ao diálogo entre a psicoterapia e as pessoas de vida consagrada.

Ao estudar a clientela de vida consagrada, um dos pontos mais importantes para sua compreensão é a questão da autonomia, a qual traz, para as reflexões do psicoterapeuta, aproximações importantes com o que discutimos até agora sobre a queixa.

2. A autonomia

Todos os presbíteros diocesanos, ao serem ordenados, prometem ao bispo obediência e fazem voto de castidade no celibato. Os que são religiosos fazem, além disso, um voto de pobreza. Sobre o voto de castidade no celibato, tratarei daqui a pouco. Antes, quero comentar algumas repercussões do voto de obediência no processo psicoterapêutico, pois é com base nesse voto que se colocam algumas restrições à autonomia do padre, entendendo aqui autonomia como a capacidade de se autogovernar e de agir segundo seus próprios desígnios.

Ao reduzir a autonomia do padre, em certa medida, o voto de obediência faz aproximar muito a psicoterapia dos religiosos da psicoterapia dos adolescentes. Osório (1991, p. 12-13) ensina que, ainda que o término da adolescência seja difícil de determinar e ainda que obedeça a uma série de fatores de natureza sociocultural, há alguns processos mais universais que possibilitam marcar o término desta etapa da vida humana na sociedade ocidental. Dentre os processos comentados por Osório, os quais incluem estabelecimento de identidade sexual e de relações afetivas estáveis, capacidade para assumir compromissos profissionais e manter-se, aquisição de um sistema de valores pessoais e relação de reciprocidade com a geração precedente (sobretudo com os pais), quero destacar aqui dois deles: um é a independência econômica; o outro é a possibilidade do estabelecimento de uma relação de reciprocidade com a geração precedente. A vida consagrada relativiza bastante a independência econômica, e a vida hierarquizada relativiza bastante a possibilidade de reciprocidade com a geração precedente dentro do clero, de maneira que, paradoxalmente, nas psicoterapias com os padres a expectativa do psicoterapeuta com relação à possibilidade de autonomia de seus clientes deve ser também relativizada.

Não faz parte das expectativas com relação à vida consagrada à espera do mesmo tipo de autonomia que se pode esperar de um leigo, e isso não significa necessariamente um problema em termos de saúde emocional, pois uma pessoa religiosa pode ter sua liberdade preservada mesmo quando sua autonomia está diminuída. Como exemplo da possibilidade da preservação da liberdade, apesar de restrições à autonomia, lembro-me de que certa vez recebi, para um processo de psicoterapia de curta duração, uma religiosa, mandada para terapia por ordem de sua superiora. Essa religiosa, já na primeira sessão, expressou de maneira clara essa possibilidade de ser livre e ter limites às vezes severos para a autonomia: "Ênio, minha questão é a seguinte: estou aqui porque minha superiora me obrigou a fazer terapia, mesmo contra a minha vontade nesse momento. Como tenho que obedecer, então quero aproveitar essa oportunidade para compreender algumas coisas da minha vida e ver se, assim, me sinto ainda melhor sendo eu mesma". Para mim é importante deixar claro e explicitado aqui que eu não considero que os padres sejam adolescentes. O que afirmo é que, *no que diz respeito à autonomia*, a psicoterapia de padres guarda muitas semelhanças com a psicoterapia de adolescentes.

Parte dessa semelhança entre a terapia de padres e a terapia de adolescentes já comentei no item anterior, quando falei da queixa que vem em mais de uma voz. De fato, Kusnetzoff (1980, p. 99) considera que "é impossível considerar o tratamento do adolescente como um tratamento individual". O autor comenta que, "embora no aspecto formal a relação seja bipesssoal, torna-se necessário incluir os pais, ou ao menos fazê-los participar de alguma forma da terapia". De maneira semelhante, é praticamente impossível uma terapia de um padre que não inclua, em alguma medida, seu(s) superior(es) imediato(s). Um dos aspectos dessa inclusão, como veremos mais detalhadamente no item 7 desse capítulo, dá-se pela questão financeira, uma vez que é raríssimo o padre que custeie a própria psicoterapia, da mesma maneira que é raríssimo o adolescente que o faça.

Assim como o adolescente, o padre, na medida em que não é o responsável pelo custeio do tratamento, não raro vive certo sentimento de culpa pela despesa que a terapia representa para sua congregação ou diocese. Praticamente todos os padres que atendi em psicoterapia manifestaram desconforto com relação a este tema. Uma situação ilustrativa que vivi no que se refere ao pagamento da terapia foi o acontecido com um cliente que, no decorrer do trabalho, mudou de função em sua congregação e passou a ser o ecônomo de sua casa. Esse cliente, que a cada mês manifestava evidente irritação com os constantes atrasos nos pagamentos provocados pelo ecônomo anterior, quando se viu obrigado a se tornar o responsável pela contabilização do pagamento, sentiu-se tão constrangido com essa situação que resolveu encerrar a terapia, mesmo que isso não fosse o mais indicado no momento. Tivemos de dedicar toda uma sessão para discutir essa sua decisão, uma sessão da qual ele saiu preocupado, mas ainda não convencido da possibilidade de se manter em terapia. Na sessão seguinte, ele me relatou que conversara com seu superior hierárquico e que este superior lhe havia repreendido por pensar em interromper, por causa do dinheiro, um trabalho que estava lhe fazendo tanto bem. Em vista disso, meu cliente resolveu continuar a terapia, mas repetidas vezes voltou ao tema do incômodo que lhe causava ser o ocasionador desse tipo de despesas para a congregação.

    Mais efetivamente que nos aspectos financeiros da terapia, a inclusão do(s) superior(es) hierárquico(s) do padre, à semelhança da inclusão dos pais na terapia do adolescente, se dá pela presença desse(s) superior(es) no momento da queixa e no decorrer do trabalho terapêutico.

    Como já assinalei, a queixa do padre costuma vir na voz do queixoso e na voz de (ao menos) um superior. Em muitos atendimentos, é bastante comum que o bispo ou o provincial telefone para o terapeuta, a fim de ter informações sobre o trabalho e sobre o prognóstico que se pode fazer no caso, inclusive no que diz respeito ao tempo que o terapeuta julga necessário para que aquela terapia chegue a bom termo. Lembro-me de que, certa vez, recebi para terapia um padre, de estilo histriônico, que passava por uma crise depressiva. Logo depois da segunda ou terceira sessão, seu bispo telefonou-me, querendo saber que indicações eu fazia para o caso. Conversei com ele, dando notícias sumárias do padre a partir do ponto de vista terapêutico, como costumo fazer com alguns pais de adolescentes que atendo, e o convidei para um encontro, numa oportunidade em que ele viesse a São Paulo, para que pudéssemos conversar pessoalmente e mais longamente. O bispo disse-me que pensaria no assunto e insistiu para que eu marcasse um prazo para o fim do tratamento. Dada a situação vivida pelo padre, eu previ que em menos de um ano pouca coisa poderia ser esperada, uma vez que a depressão vivida pelo cliente o colocava em um momento muito delicado de vida. Diante desse meu prognóstico, e diante da forma com a qual o fiz, o bispo, qual pai dedicado, achou melhor marcarmos um encontro pessoal para dentro em breve, o que, de fato, se deu em menos de duas semanas.

No encontro com esse bispo, como em todos os encontros com superiores, a estratégia terapêutica é a mesma da terapia de adolescentes: o terapeuta deve, logo no início da entrevista, alertar à pessoa com quem vai conversar que o que ela disser sobre o cliente será comunicado a ele. O que se pretende com isso é clarear o campo e prevenir divisões muito complicadas de se trabalhar posteriormente. Além disso, esse tipo de conduta por parte do terapeuta amplia sua confiabilidade ante o cliente e seu superior, e provoca uma ampliação da comunicação entre superior e subordinado, pois, via de regra, logo após o encontro com o terapeuta, o superior tende a conversar com o padre antes mesmo que o terapeuta o faça, ainda que esse tipo de comportamento não seja padrão naquela díade até então.

Na data aprazada, o bispo a que eu me referia acima compareceu ao meu consultório, acompanhado de um padre que desempenhava importantes funções na diocese. O cliente não veio, embora eu tivesse pedido também sua presença, mas me pediu que conversasse com seus superiores o mais abertamente que a ética profissional permitisse. Conversamos longamente nós três, uma conversa na qual, como na terapia de adolescentes, aproveitei para obter algumas informações, especialmente sobre o clima diocesano, que poderiam ser úteis para a psicoterapia que se iniciava. Aproveitei também para, de novo à semelhança da terapia de adolescentes, dar algumas informações, de sentido geral, vago e amplo, sobre a situação pela qual passava meu cliente e orientar o bispo e seu acompanhante sobre como lidar com meu cliente enquanto ele se recuperava de seu sofrimento.

Nesse processo de dar informações ao bispo, há importantíssimas questões éticas em jogo. Como já disse anteriormente, e reitero, o terapeuta não está a serviço da Igreja, mas a serviço de seu cliente. Se este serviço ao cliente for útil para a Igreja, tanto melhor, mas esse não pode ser o propósito de uma psicoterapia, assim como não é o propósito de uma terapia de adolescentes estar a serviço da família, da maneira que a família desejaria.

Assim como o terapeuta de adolescentes acaba por auxiliar o diálogo na família, com todos os confrontos e possíveis separações que isso pode acarretar, também o terapeuta que atende um padre acaba por auxiliar o diálogo entre este padre e a Igreja, ainda que este padre porventura descubra que seu melhor caminho seja deixar de exercer a função presbiteral.

A função do terapeuta nos dois casos é a de facilitador de um diálogo que precisa se ampliar e se aprofundar, sem que haja garantias dos caminhos para os quais esse diálogo conduzirá as partes dialogantes. O limite ético de um psicoterapeuta é colocar a serviço de seu cliente o que de mais atualizado a ciência conheça, sem que haja a possibilidade de se fazer prognósticos seguros e definitivos de para onde caminharão as reflexões e a vida do cliente. Não há como ter certezas quando tratamos do futuro humano.

Nessa postura de facilitador do diálogo, como eu dizia, o terapeuta se depara com importantes questões éticas: o que de seu cliente revelar ao superior? O quanto da conversa com o superior revelar ao cliente, e de que maneira fazer essa revelação? Qual o limite da orientação que é dada ao superior? Até que ponto pode o terapeuta interferir na condução da vida presbiteral do cliente por sua congregação ou diocese? Esses limites éticos são de difícil determinação em termos gerais, devendo ser vistos e revistos, e vistos novamente a cada situação. Quanto a esse aspecto, é óbvio, mas não custa explicitar: serve melhor ao seu cliente o terapeuta que pode discutir esses assuntos (e outros, de igual complexidade, referentes à psicoterapia) em supervisão clínica ou em grupos de terapeutas que possam dar suporte ao psicólogo no trabalho com seu cliente. Há, no entanto, algumas orientações gerais que podem ser úteis.

A primeira e mais importante delas, como já afirmei anteriormente, é que o terapeuta deve colocar-se a serviço do cliente. É esse estar a serviço do cliente que vai dar as primeiras balizas sobre o que e como revelar, ou não, nessa facilitação do diálogo entre o padre que faz terapia e seus superiores. O terapeuta pode, por exemplo e de maneira muito criteriosa e ética, contar ao bispo ou ao provincial algo do processo, do diagnóstico ou do prognóstico, se ele, terapeuta, entender que assim estará facilitando o desenvolvimento de seu cliente. Na dúvida, o silêncio é sempre a melhor opção, assim como na terapia de adolescentes. O mesmo critério não vale para a revelação ao padre dos detalhes da conversa entre o terapeuta e seu superior, pois, aí, é preciso que o terapeuta seja o mais claro que puder.

Quando falo em contar ao superior alguma coisa da terapia, não estou me referindo às coisas que são segredos ou ao que é dito em confiança, mas a pequenos detalhes que, se revelados, não prejudicam o cliente, a confiabilidade da relação entre o terapeuta e o cliente e, tampouco, o processo terapêutico. Por exemplo, eu posso contar a um bispo que o padre, meu cliente, tem se esforçado e feito com interesse e coragem sua parte da psicoterapia, se eu entender, ao contar, que essa informação tranquiliza o bispo e auxilia o padre a ter mais apoio ambiental para as mudanças que precisa fazer. Um terapeuta que se coloca seriamente a serviço de seu cliente jamais revela ao superior questões ou temáticas que o próprio cliente não contaria livre e espontaneamente.

Outro critério importante é que o diálogo entre o terapeuta e o superior hierárquico de seu cliente deve se dar, sempre que possível, na presença do cliente. Assim, se amplia a probabilidade de que, a partir desse encontro tripartite no consultório, restem facilitados, daí em diante, o diálogo e o posicionamento mais cuidadoso entre o padre e seu superior. A título de exemplo, trago o relato que fiz de uma entrevista com um cliente (que aqui chamarei de Josué, um nome fictício) e seu bispo:

> Sem me avisar, Josué chega ao consultório acompanhado de seu bispo, que fazia uma breve passagem por São Paulo e decidiu vir me conhecer. Conversamos os três em minha sala por aproximadamente uma hora, período no qual quem mais falou foi Josué. Ele conta ao bispo um pouco do que tem passado em São Paulo, de como tem vivido a terapia, das melhoras que sente ter conseguido a partir do trabalho terapêutico. Fala de maneira ansiosa, parecendo querer agradar ao bispo, preocupado em deixar o mais explícito possível sua gratidão pela acolhida e pela ajuda que o bispo lhe deu e dá na solução de seus problemas mais urgentes. O bispo mais ouve e pouco fala, também pouco pergunta quando me coloco

à sua disposição para eventuais esclarecimentos ou sugestões. Também ele, o bispo, conta um pouco do que foi vivido na diocese, conta alguns dos problemas que ainda enfrenta por lá, num tom muito mais de quem conversa entre amigos do que em uma situação profissional. Devagar, o bispo, com muita habilidade, conta a Josué da preocupação do conselho da diocese com o seu bem-estar a longo prazo e traz à tona a notícia que parecia estar preparando com aquela conversa tranquila e aparentemente pouco profissional: o bispo comunica a Josué que foi resolvido que ele não voltará tão já para sua diocese. Por uns dois ou três anos, Josué deverá prestar serviço em uma outra diocese, em outra região do Brasil, muito distante de sua família e de seu ambiente de origem. Um padre dessa diocese irá para a diocese de Josué, numa troca por esse tempo. Minha impressão é de que o bispo quer um tempo para testar se seu padre conseguiu mesmo mudanças significativas e duradouras por meio do trabalho terapêutico. Josué recebe a notícia com mal disfarçada frustração, faz um esforço enorme para se mostrar aceitador, mas, ao menos para mim, é visível sua dor. Em nenhum momento, Josué diz algo ou faz algum gesto ou expressão facial que possa desgostar ou desautorizar seu bispo. O máximo que se permite é perguntar sobre a possibilidade de eventualmente visitar sua mãe, apesar da distância geográfica que os separa. O bispo lhe promete que em menos de um ano poderá fazer uma visita rápida à sua terra natal. Para completar o anúncio dos planos da diocese para Josué, seu bispo nos informa que Josué deverá se apresentar na nova diocese em agosto, o que determina que nosso processo terapêutico deverá ser finalizado na última semana de julho. Argumento que, uma vez que Josué estará em um estado próximo a São Paulo, eu gostaria que ele viesse ter comigo uma vez por mês, ao menos até o fim desse ano, proposta que é imediatamente aceita pelo bispo e por Josué. Finalizando a entrevista, pergunto aos dois clérigos se querem abordar algum outro assunto e, diante da negativa deles, dou por encerrado esse encontro. Acompanho-os até a rua, e me surpreendo em perceber que ambos vieram ao consultório e voltarão daqui de ônibus, na hora do maior movimento, atitude, para mim, surpreendente em um bispo católico.

Como se pôde ver nesse exemplo, o ambiente terapêutico pode também ser um facilitador para diálogos que seriam ainda mais difíceis no ambiente cotidiano das pessoas envolvidas, mais uma vez à semelhança da terapia de adolescentes. Neste caso narrado acima, é interessante, para dizer o mínimo, que o bispo tenha escolhido o lugar da terapia para contar ao padre dos novos planos da diocese para ele. Soou para mim como se o bispo tivesse escolhido esse lugar e essa ocasião para dar essa notícia para Josué porque ali ambos estariam mais protegidos ante as possíveis consequências do desvelamento da decisão do conselho. Obviamente, esse foi o tema da próxima sessão de Josué.

Ainda, outro critério importante é que o terapeuta leve em conta a possível ansiedade e a preocupação do superior de seu cliente, assim como o terapeuta de adolescentes leva em conta as ansiedades e preocupações dos pais e, dentro do possível, os orienta e os informa de maneira a que possam se tranquilizar e, assim, ajudar o cliente a alcançar mais rapidamente a retomada de seu desenvolvimento. Ao considerar as preocupações do superior hierárquico do padre em terapia, o terapeuta tem como instrumentos de seu trabalho, tal como quando diante de seu cliente, a empatia e a inclusão, a congruência e a presença autêntica, a compreensão da postura e do ponto de vista do superior. Também no contato com o superior se estabelece uma relação terapêutica, em muito semelhante àquela estabelecida com o cliente, embora em prol preferencialmente do cliente e não de seu superior.

Um ponto importante nesse contato com o superior do cliente padre é a oportunidade que se apresenta para que o terapeuta converse sobre as expectativas do superior acerca do processo terapêutico e de seus resultados. Não são poucos os mitos que cercam o processo de psicoterapia e, em função disso, não são poucas as indicações ou expectativas equivocadas acerca da terapia. No caso das pessoas de vida consagrada, essa questão é ainda mais importante, uma vez que, na vida consagrada, há um padrão de conduta esperado para cada pessoa que nela ingressa e vive, e, muitas vezes, esse padrão esperado é distante do que se pode alcançar por meio de uma psicoterapia. Sempre que posso, prefiro discutir, em tese e o mais abertamente possível, essas questões com o superior de meu cliente e, geralmente, aproveito também para colocar em pauta minha visão acerca de a serviço de quem está o processo terapêutico. Minha intenção aqui é, mais uma vez, limpar o campo e prevenir problemas muito difíceis de trabalhar posteriormente.

É óbvio, mas não custa lembrar, que o que se conversa com um bispo ou com um provincial não tem a mesma profundidade que o que se fala com os pais de um adolescente, pois o limite de responsabilidade sobre o outro é diferente nesses diferentes casos. Pela responsabilidade existencial e legal que têm para com os filhos, o diálogo com os pais é mais complexo e profundo que o diálogo que se pode ter com um bispo ou com um superior do padre que faz psicoterapia.

Ainda no que diz respeito à autonomia do padre e às semelhanças com a terapia de adolescentes, é importante que o terapeuta que atende padres dê atenção a aspectos da congregação ou da diocese de seu cliente, de maneira semelhante à atenção que o terapeuta de adolescentes tem de dar à família de seu cliente. Em cada congregação e em cada diocese há padrões de conduta e padrões de visão sobre os problemas psicológicos que interferem com o processo terapêutico. Há também padrões de convivência que podem dificultar ou facilitar ao padre as mudanças de que necessita, e também esses padrões têm de ser levados em conta pelo terapeuta.

Um dos processos terapêuticos mais rápidos que fiz se deu em poucas sessões e enfocou dificuldades de comunicação de um padre com sua congregação, especialmente com seu provincial. Esse padre queria experimentar a vida diocesana e, inclusive, já tinha conseguido a permissão de um bispo para que se transferisse para a diocese, mas não conseguia colocar essa questão para seu provincial, temendo que, em assim procedendo, fosse colocado em ostracismo e obrigado a permanecer na congregação. O trabalho terapêutico se concentrou em compreender a rede de relações do padre na congregação e a maneira como ele, padre, lidava com o que imaginava fossem as expectativas das outras pessoas sobre ele e sobre suas atitudes. Quando esse padre conseguiu não se orientar pelas expectativas (imaginadas) dos outros nessa decisão tão importante de sua vida, quando esse padre conseguiu se orientar pela confiança em sua vocação para um outro tipo de trabalho, desvestiu parte do pesado manto que cobria sua espontaneidade e tratou do assunto com seu provincial de maneira séria e com a suficiente confiança. Na sessão seguinte a essa conversa, ele veio somente para me dizer que já não precisava mais da ajuda terapêutica, pois estava de mudança para uma outra cidade, distante de São Paulo, onde experimentaria a vida diocesana, com carinhosa anuência de seu provincial.

Então, para finalizar este tópico deste capítulo, quero reiterar que, no que diz respeito ao voto de obediência e à questão da autonomia em psicoterapia, a psicoterapia de padres se aproxima bastante da psicoterapia de adolescentes. Essa aproximação exige do terapeuta cuidados éticos delicados, no que diz respeito ao contato com a instituição Igreja e a seus processos e suas expectativas, semelhantes aos cuidados éticos impostos ao terapeuta de adolescentes ao lidar com a família de seu cliente e suas expectativas e padrões comunicacionais. O terapeuta está a serviço de seu cliente e não deve perder de vista que o voto de obediência é um ato de escolha de seu cliente, uma expressão, ainda que paradoxal, de sua liberdade existencial.

O outro voto que faz a pessoa que se dedica à vida consagrada católica é o voto de castidade no celibato, o qual tem importantes repercussões na maneira com que o clérigo vive a própria corporeidade. Por isso, vou dedicar-me a refletir sobre pontos muito próximos e estreitamente ligados ao voto de castidade no celibato: o corpo e a sexualidade, a corporeidade e a afetividade.

3. O corpo

Antes de começar a discutir explicitamente as questões ligadas à corporeidade, ou seja, ligadas à maneira de se viver o fato de que somos seres corpóreos, é importante que eu estabeleça um importante limite para as discussões sobre esse assunto que inicio agora. A maneira como se vê o ser humano está longe de ser unanimidade na psicologia, especialmente no que diz respeito às distinções entre alma, mente e espírito. Segundo James Hillman (2004, p. 1), as raízes do desencontro quanto a esse aspecto da visão de ser humano se deve ao Concílio realizado em Constantinopla, em 869, quando "nossa antropologia, nossa concepção da natureza humana, passou de um tripartido cosmo de espírito, alma e corpo (ou matéria) ao dualismo de espírito (ou mente) e corpo (ou matéria)". Embora essa seja uma área interessante e que mereça estudos mais aprofundados, não é minha intenção deter-me aqui nessa polêmica. Meu propósito maior neste tópico é comentar o que tenho observado a respeito da vivência do corpo pelos padres que atendi em psicoterapia. Terei sempre em vista que em um processo psicoterapêutico fenomenológico o que nos interessa é o corpo vivido, é a maneira como se assume a corporeidade e como se lida com isso. Será esse o foco que usarei nos comentários a seguir, independentemente de usar os termos alma ou espírito para me referir à instância que possibilita, juntamente com a mente, a corporeidade.

"Minha vida não é para este mundo, minha vida é para o outro mundo, depois deste", diz-me um padre, meu cliente. Provavelmente, sem se dar conta, ele repete antiga proposta cristã, felizmente hoje, em parte, ultrapassada para a ideologia da Igreja, infelizmente ainda presente na maneira de pensar e de ver o mundo de muitos fiéis e sacerdotes. Para essas pessoas, o corpo nada mais é que o habitáculo da alma, o condutor da alma no período da vida terrena. O corpo é algo que um dia será abandonado, voltará a ser terra, em prol da continuação da vida da alma. Com esse tipo de raciocínio, tão excludente, fica dificultada a atenção aos aspectos corporais da existência humana, fica dificultado o comprometimento com a corporeidade, a vida fica empobrecida. Isso se dá porque, com essa ideologia, instala-se uma divisão competitiva entre corpo e alma, um tipo de dualismo paralelista que acaba por colocar o corpo e a alma como entidades em luta, em conflito, ao invés de entidades integradas.

De fato, para nós, cristãos do século XXI, ainda nos é difícil pensar o ser humano fora desse dualismo. Esse raciocínio cristão tem um substrato básico que é o predomínio da alma sobre o corpo, o que acaba por implicar, de certa maneira, uma dominação sobre o corpo, especialmente uma tentativa de subjugação dos gozos e das emoções e sentimentos corporais, além de inibir os gestos espontâneos.

Comumente, pensa-se no ser humano separado em duas partes, sendo corpo e alma para a religião, e corpo e mente para a mentalidade científica. Nessa última, localiza-se a mente "em algum lugar do cérebro atrás dos olhos" e se compreende o corpo como "algo que vive e se mexe abaixo daquela", o que faz Dytchwald (1984, p. 38) comentar que "não surpreende verificar que nossas mentes e corpos competem e discutem muitas vezes, pois lhes falta comunicação".

O corpo humano é a fonte de todos os gozos, de todos os prazeres e das emoções e sentimentos. Até mesmo o gozo mais sublime é um gozo corporal. Pois bem, é a partir disso que, na Idade Média e por meio dos canais religiosos, se instala um tipo de pensamento sobre a relação entre alma e corpo que terá consequências por toda a história humana subsequente: transforma-se o corpo no lugar do demônio e as reações corporais são entendidas como as portas do inferno.

> Essa transformação realiza-se em nome da vida verdadeira da alma, que é a instância que tem de dominar o corpo. O que a alma pede ao corpo é reação legítima do corpo; o que não lhe pede, é pecado. O corpo é uma Besta para domar (Hinkerlammert, 1995, p. 154).

A alma só pode existir em um corpo, da mesma maneira que todas as necessidades, mesmo as mais sublimes, só podem ser satisfeitas por meio do e no corpo, de modo que "para a alma poder domar este corpo, pode tomar seus conteúdos só da negação das satisfações corporais. Com efeito, assim se constitui a ética medieval" (Hinkerlammert, 1995, p. 154). Nessa ética medieval, há um dualismo relativo à alma e ao corpo, um dualismo de dominação sobre o corpo, de submetimento, de escravização do corpo pela alma:

> Trata-se de um dualismo, se bem que não do dualismo gnóstico ou do neoplatônico. A Idade Média faz uma

guerra contra esses dualismos tradicionais. Esse dualismo tradicional também opõe alma e corpo, mas, ao declarar a alma a esfera do divino e o corpo como demoníaco, a esfera corporal torna-se irrelevante, do qual o Santo se retira ou, como também ocorre, em que se tem uma licença absoluta. O dualismo cristão da Idade Média é de dominação sobre o corpo, de subjugação, de escravidão (Hinkerlammert, 1995, p. 154).

No discurso da Igreja da Idade Média, há uma relação fundamentalmente masculina com o corpo, uma vez que a mulher, dentro dessa lógica, é vista como tentação. O que se consegue domar, no fim das contas, são a emoção e o sentimento enquanto expressão espontânea da corporeidade. Como afirma Hinkerlammert (1995, p. 155), "toda espontaneidade corporal é combatida. Ao gozo dessa agressividade contra o corpo se chama agora de espiritualidade". Uma espiritualidade que está alicerçada numa negação do desejo e de alguns sentimentos por meio do submetimento do corpo à vontade, gerando desumanização, pois, a vontade, quando nega o desejo e o sentimento, desumaniza. Estamos falando de uma forma de imaginação utópica que é incrementada pelo cristianismo medieval e que se baseia na conquista de uma vida futura (depois da morte) melhor se nesta vida se sacrifica o corpo e, por via disso, o prazer e a espontaneidade.

O que se alcança a partir da Idade Média é um maniqueísmo que se manifesta na sociedade ocidental e que fundamenta o modo mecanicista de se olhar para o corpo, tão presente na ciência e na religião modernas. Com a Reforma (de Lutero), a secularização e a Revolução Industrial, esse espírito e essa eficiência maniqueístas e mecanicistas, passam, lenta e inexoravelmente, a ser cada vez mais preponderantes, com importantes reflexos na vivência da corporeidade. Alma e corpo são consideradas substâncias distintas, autônomas, independentes. O atributo da alma é o pensamento (*res cogitans*), o do corpo é a extensão (*res extensa*). Por isso, Descartes afirma que só o ser humano tem alma, ou seja, os animais são instintos puros, corpos puros, incapazes de pensar, e, portanto, desprovidos de alma.

Principalmente a partir de Descartes, passou-se a ver o universo como uma grande máquina, o que modelou, por consequência, a maneira de se compreender o corpo humano na sociedade ocidental. Pode-se dizer que Descartes é, ainda hoje, a base filosófica da fisiologia, quiçá de toda a medicina moderna, especialmente por meio de sua crença de que podemos entender os corpos vivos como máquinas. O que diferenciaria o ser humano da máquina seria sua alma, a qual não faria parte do corpo. Como para a Igreja a alma era separada do corpo, para Descartes, a racionalidade era um processo de desincorporação. A prova da existência dependia do pensamento, não do corpo nem do mundo, daí Descartes afirmar o seu *"cogito, ergo sum"*, ou seja, eu existo porque *penso*. O que existe no mundo material seria um mecanismo feito por Deus, movido pela dinâmica da matemática. Assim, o universo deixa de ser visto de uma maneira cósmica, ou seja, como um organismo vivo e mutante, para assumir a configuração pleiteada pela filosofia cartesiana: uma máquina abstrata e eterna (cf. Highwater, 1992, p. 143-146).

A partir daí, na cultura ocidental, o sentido de identidade se fundamenta praticamente no aspecto mental, questão de consciência e de reflexão, como se o corpo não pudesse ser fonte de espiritualidade. Por causa disso, o corpo tem uma função de instrumento, sendo considerado como somente algo pelo meio do qual o ser se manifesta e se faz presente. O natural passa a ser motivo de desconfiança, a humanidade passa a ser definida como fruto do domínio sobre os aspectos físicos da existência, por meio da contenção (se possível da negação a ponto de não se os perceber) das emoções e dos sentimentos, enfim, da vida carnal. Assim, modela-se um tipo de masculinidade que ainda hoje é dominante no mundo ocidental e o qual já discutimos, em parte, no primeiro item deste capítulo, uma masculinidade de muito pensamento e pouco sentimento, de muito autocontrole e pouca espontaneidade, de pobre contato corporal, fundada na crença da superioridade da alma sobre o corpo e na competição entre a alma e o corpo. Esse é o modelo de homem que tenho encontrado na maioria dos padres que atendo em psicoterapia, o que me faz pensar que ainda é enorme a presença do pensamento cartesiano no ideário católico e no jeito de ser e de se ver do padre católico, com repercussões relevantes no processo terapêutico.

A mais importante dessas repercussões reside em uma excessiva ênfase do pensamento e do raciocínio, em detrimento das emoções e dos sentimentos. Essa visão de mundo, muito presente na formação dos presbíteros católicos, restringe o lugar da emoção e do sentimento e provoca uma maneira mais contida, mais reservada, de se lidar com o corpo e com as emoções e os sentimentos, uma maneira geralmente caracterizada por uma busca do domínio da alma sobre o corpo, e não por um diálogo mais integrador entre corpo e alma. Esse domínio sobre o corpo se dá principalmente por meio de intelectualizações, processo tão típico nas pessoas de vida consagrada, uma habilidade que, não raro, demonstra certa dificuldade de integração, certa dificuldade para compreender que o homem é uma alma vivente, e não um corpo que recebe provisoriamente uma alma (cf. Highwater, 1992, p. 110).

Como alma vivente, o ser humano se apoia nos aspectos que discutimos aqui, seu corpo e sua alma, para se constituir um organismo presente em um campo, ou seja, um indivíduo e um ser socioambiental. Para a abordagem gestáltica, o ser humano não *tem* um corpo, ele *é* um corpo. Nesse aspecto é alvissareiro o conteúdo da Encíclica Papal, de Bento XVI, que parece se contrapor à visão cartesiana ainda presente na prática de muitos padres. Essa Encíclica traz a concepção do ser humano como constituído por corpo *e* alma:

> o homem torna-se realmente ele mesmo quando corpo e alma se encontram em íntima unidade; o desafio do *eros* pode considerar-se verdadeiramente superado quando se consegue essa unificação. Se o homem aspira ser somente espírito e quer rejeitar a carne como uma herança apenas animalesca, então espírito e corpo perdem sua dignidade. E se ele, por outro lado, renega o espírito e consequentemente considera a matéria, o corpo, como realidade exclusiva, perde igualmente sua grandeza. O epicurista Gassendi, gracejando, cumprimentava Descartes com a saudação: "Ó Alma!". E Descartes replicava dizendo: "Ó Carne!". Mas nem o espírito ama sozinho, nem o corpo: é o homem, a

pessoa, que ama como criatura unitária, de que fazem parte o corpo e a alma. Somente quando ambos se fundem verdadeiramente numa unidade é que o homem se torna plenamente ele próprio. Só assim é que o amor – o *eros* – pode amadurecer até sua verdadeira grandeza (p. 11-12).

Do ponto de vista da psicologia fenomenológica, a vivência desse tipo de unidade é dada ao ser humano, dentre outros aspectos, na medida em que ele alcança uma integração que lhe permite dar-se conta e responsabilizar-se por suas emoções e seus sentimentos. O sentimento, da maneira como o compreendo aqui, não é restrito aos aspectos mentais do ser, não é apenas uma ideia; por envolver as emoções e, portanto, o corpo, é algo para além de apenas um processo puramente mental. O sentimento tem por base a emoção, a qual, por sua vez, é uma atividade corporal: o sentimento é a percepção dessa atividade corporal pela pessoa. Para Perls (1977, p. 37), as emoções, assim como, acredito, também os sentimentos, "são a nossa própria vida (...) são a própria linguagem do organismo; modificam a excitação básica de acordo com a situação que é encontrada".

É fenômeno bastante comum entre os presbíteros que atendi – e, imagino, entre a maioria dos presbíteros – certa dificuldade em perceber e se responsabilizar por alguns sentimentos, especialmente aqueles que têm uma conotação negativa no mundo ocidental. Se notarmos que o ser humano pode perceber, basicamente, seis sentimentos – o amor, a raiva, a alegria, a tristeza, a coragem e o medo – e suas derivações e combinações, será fácil percebermos que há alguns desses sentimentos que não são bem aceitos socialmente, especialmente a raiva, a tristeza e o medo, e suas derivações e combinações. Muitos dos presbíteros aprendem desde cedo (e não questionam isso) que, para serem pessoas amorosas, não devem sentir esses sentimentos mais rejeitados socialmente. Como é impossível não ter esses sentimentos, pois eles são inerentes à humanidade, a alternativa que resta é o não sentir, o que é feito de uma de três maneiras: dominando o corpo, negando o corpo ou dissociando-se dele (cf. Lowen, 1979, p. 21). Por medo da natureza irracional do corpo, pode-se tentar subjugá-lo, e essa é a solução que mais percebo entre os padres que já atendi. O problema é que não há como uma pessoa não sentir determinadas emoções sem abdicar de sentir todas as outras – na medida em que se empobrece o contato corporal para se evitar, por exemplo, a percepção da raiva, se evita também a vivacidade amorosa, uma vez que tanto raiva quanto amor são frutos de atividades corporais e da percepção dessas atividades, a *awareness*. Não há seletividade consciente de *awareness*, não dá para se escolher o que perceber ou sentir, uma vez que as emoções e, por via disso, os sentimentos, são *acontecimentos* corporais, não são frutos da vontade. O resultado acaba sendo conflito e sofrimento, rejeição do corpo, empobrecimento do contato, além de certa negação do corpo, que fica subordinado à vontade e à funcionalidade. Há uma fuga da espontaneidade corporal, uma tentativa de dominação sobre o corpo que goza sem nenhum cálculo da finalidade do gozo, que sente sem nenhum cálculo da finalidade do sentimento e que reivindica o direito de cada ser humano de ter acesso à vida que não é medida em desempenho, mas em sentido, em sentimentos, em presença e responsabilidade (cf. Hinkerlammert, 1995).

Dessa maneira, parece-me que é tarefa do psicoterapeuta, mesmo em uma psicoterapia de curta duração, auxiliar seu cliente a aprofundar o diálogo espírito-corpo por meio do resgate da corporeidade e da compreensão de que emoção e ato são coisas diferentes. O fato de se sentir raiva não quer dizer que se vai obrigatoriamente agredir o outro, o fato de se sentir desejo sexual não quer dizer que se vai necessariamente buscar sexualmente o outro, o fato de entristecer-se não quer dizer que inapelavelmente se vai deprimir. A qualidade do diálogo corpo-espírito é que vai determinar a qualidade do diálogo com as emoções e os sentimentos, de modo que o sentimento aceito enquanto tal não vai conduzir a pessoa para determinada ação ou por determinado caminho, mas tão somente vai lhe apontar a possibilidade de determinadas ações ou determinados caminhos. É todo o ser que escolhe por onde ir, que ato executar, pois a escolha é função da existência. Portanto, espírito e corpo devem dialogar, quer dizer, ser um conjunto, um dependendo do outro, num processo de integração que permita à pessoa fazer exigências abertas à vida, apossando-se plenamente do direito de sentir-se em casa no mundo, com a responsabilidade que é a contraparte desse direito. Em outros termos, é do diálogo corpo-espírito que surge a possibilidade do que Huisman e Vergez (1966, p. 118) chama de hábito:

o hábito nos leva a refletir sobre as relações da alma com o corpo. No hábito, o corpo deixa de ser o inimigo da alma. Para o dançarino iniciante o corpo é ainda um inimigo; resiste, não deixa 'a ideia' objetivar-se. É a inabilidade, a inércia, a timidez. Poder-se-ia dizer que *o tímido é aquele que tem um corpo*. Uma vez que o hábito é adquirido, o corpo deixa de ser um obstáculo, transforma-se em intérprete, em espelho da ideia: (...) uma bailarina 'não tem' mais o seu corpo, como se tivesse um objeto estranho consigo, mas *ela é seu próprio corpo*. A alma fez-se corpo, a vontade metamorfoseou-se em poder. Desse modo, o hábito não é mais inércia e mecanismo, mas uma graça. É o espírito que se encarna e se revela; é, antes de tudo, este milagre: meu corpo, este velho estranho, tornou-se meu amigo.

Um processo psicoterapêutico bem-sucedido, ainda que breve, facilitará ao cliente padre a consciência de que o hábito, a liberdade e a vivacidade se enraízam na possibilidade do diálogo com as emoções e os sentimentos, e não em seu domínio, ou negação, ou repressão. Isso quer dizer que a vida é para essa vida antes de ser para a próxima, que a vida é graça e precisa de graciosidade, precisa das emoções e dos sentimentos vivos e presentes no aqui e agora, pois, como afirma Lowen (1993, p. 90), os sentimentos são a expressão mais clara do espírito humano. A força e a grandeza desse espírito, ainda segundo Lowen, estão na intensidade e na profundidade de seus sentimentos, os quais, além disso, determinam a tranquilidade e o bem-estar desse espírito. Lowen conclui:

> Quando a pessoa se move com sentimento, a ação é graciosa porque resulta de um fluxo energético no corpo. Assim, o sentimento é a chave da graça e da espiritualidade do corpo.

Além de ser chave da graça e da espiritualidade do corpo, os sentimentos são também fundamento para o contato e chave da sexualidade, como veremos a seguir.

4. A sexualidade e a afetividade

Se em todo processo psicoterapêutico a sexualidade é tema importante, na psicoterapia de padres esse fato toma contornos ainda mais cruciais. Na pesquisa desenvolvida por Hiriart (2002), por exemplo, quando ele estuda os tipos de crises desenvolvidas pelos sacerdotes nos últimos cinco anos, a crise mais comum é a que o pesquisador denomina "crise afetivo-sexual" (p. 39). Certamente, a sexualidade é um dos temas mais polêmicos quando se discute a vida consagrada, principalmente, embora não somente, por causa do voto de castidade no celibato, condição imposta pela Igreja para que alguém se torne padre.

Por ser tema tão polêmico e, principalmente, amplo, sinto-me obrigado a fazer aqui um recorte bem específico para tratar desse assunto neste livro. Assim é que pretendo, nas reflexões que seguem, ater-me, o mais estritamente possível, a possíveis repercussões da vivência da sexualidade pelos padres no que diz respeito à psicoterapia, à maneira como se pode compreender a sexualidade no processo psicoterapêutico, sem me deter em outras considerações acerca da sexualidade humana. Tratarei neste item de como podem repercutir no processo terapêutico temas como as vivências e as reflexões sobre a sexualidade, os afetos, o celibato, a homo, a bi e a heterossexualidade, e as patologias sexuais.

4.1. A afetividade na sexualidade

Quando comecei a conviver mais de perto com pessoas de vida consagrada e, posteriormente, quando comecei a atender essas pessoas, eu, que vinha de aprofundados estudos sobre a sexualidade humana a partir do ponto de vista da psicologia, logo me deparei com um estranhamento: as pessoas de vida consagrada nunca se referiam unicamente à sexualidade – era sempre sexualidade e afetividade, as duas coisas tomadas como inseparáveis. De fato, mais tarde me ficou claro que essa postura dos religiosos vem ao encontro do ideário que sustenta a Gestalt-terapia e a maioria das correntes em psicoterapia: a vivência da sexualidade não se dá apartada dos sentimentos e do campo cultural. A vivência da sexualidade humana está para além do biológico, está para além do reflexo, sendo muito mais fruto da capacidade reflexiva humana.

A vivência da sexualidade é um dos pontos centrais na identidade do ser humano em nossa cultura judaico-cristã, a ponto de se poder afirmar que a identidade social de cada pessoa começa pela definição do sexo a que pertence, o qual vai determinar, dentre tantas outras coisas, o nome a ser escolhido para o recém-nascido pela família e a maioria das expectativas sociais e familiares quanto ao modo de ser e de agir da pessoa. A sexualidade fundamenta os cuidados corporais e as relações de gênero, além de fundamentar também, na atual cultura ocidental, a busca do amor e do contato mais pleno com o outro.

Essas características da sexualidade humana são há muito consideradas pela Igreja Católica. Segundo Valle (2006, p. 69), a Congregação da Doutrina da Fé (antigo Santo Ofício), órgão de reconhecido caráter conservador e doutrinário, publicou, em 1975, quando o seu presidente era o cardeal Joseph Ratzinger, uma instrução chamada "Declaração acerca de certas questões de ética sexual", na qual se pode ler o seguinte:

> a pessoa humana, segundo os dados da ciência contemporânea, está de tal modo marcada pela sexualidade que esta é a parte principal entre os fatores que caracterizam a vida dos homens. Na verdade, no sexo radicam as notas características que constituem as pessoas como homens e mulheres no plano biológico, psicológico e espiritual, tendo assim muita parte em sua evolução individual e em sua inserção na sociedade.

Para Valle (2006, p. 69-70), esse ponto de vista do Vaticano traz três aspectos importantes no que se refere à sexualidade de um ponto de vista da religião católica: 1) a humanização da sexualidade importa na evolução pessoal e social humana; 2) a pessoa é compreendida como um ser livre e existente a partir de três planos – o biológico, o psicológico e o espiritual –, além do plano histórico-cultural, o que implica compreender que o homem não tem uma sexualidade, ele é sexualidade; 3) ciência e religião devem dialogar para ampliar a compreensão e facilitar a vivência da sexualidade pelos seres humanos.

Há ainda uma dificuldade em nossa sociedade no que diz respeito à compreensão do que seja a sexualidade, pois a maioria das pessoas trata sexo e sexualidade como se fossem sinônimos. Sexo e sexualidade são diferentes, têm significados diferentes. Sexualidade, fenômeno inerente ao ser humano, está presente em todos os atos da vida. É um fundamento básico da personalidade que possibilita à pessoa maneiras particulares e individuais de existir, se comunicar, viver e se expressar. Sexualidade é um dos fundamentos da identidade pessoal, é fenômeno muito mais amplo que o sexo e o inclui. Sexo tem a ver com o fato de sermos macho ou fêmea e com o conjunto dos órgãos reprodutores, além de significar também o ato sexual propriamente dito; sexualidade é um conjunto de fenômenos que são ligados ao sexo e que o extrapolam: masculinidade e feminilidade, erotismo, sensualidade, afetos, desejos, posturas e valores. Em suma, sexualidade é a miríade de emoções, sentimentos, sensações, pensamentos, comportamentos e vivências que associamos ao sexo.

A vivência da sexualidade humana se dá a partir de suportes afetivos, ou seja, o ser humano vivencia a sexualidade por meio de seus sentimentos e de sua cultura, e não apenas a partir de sua biologia. A sexualidade humana é mais ampla que o puramente instintual e não se limita apenas na busca de um parceiro nem se reduz apenas à união dos órgãos genitais no coito. A sexualidade humana é recheada de símbolos que direcionam o desejo e são por ele direcionados. Ela não se limita aos órgãos sexuais, mas todo o corpo humano é sexualizado, ainda que se privilegiem, no ato sexual, os órgãos genitais. Além disso, não podemos esquecer que a satisfação sexual humana pode ser obtida sem a união genital (cf. Chauí, 1990, p. 36).

Dessa maneira, quando se fala em sexualidade, nunca é demais frisar, é importante que se tenha bem claro que se está lidando com um conceito amplo, pois se todos os fenômenos genitais são sexuais, há uma série de fenômenos sexuais que não têm relação direta com o genital. No que diz respeito a essa visão sobre a sexualidade e sua repercussão na clientela de vida consagrada, Dlugos (2006, p. 78), do Instituto Southdown, no Canadá, faz preciosa observação, lembrando que uma das primeiras tarefas propostas aos homens e às mulheres de vida consagrada católica é a que diz respeito ao fato de que a sexualidade é mais ampla, está para além da expressão sexual genital. A possibilidade de que se rompa a ideia reducionista de que a sexualidade está limitada à expressão sexual acaba se tornando uma fonte de liberdade e de tranquilização. Como afirma Dlugos: "para pessoas que lutam com a confusão ou a ansiedade em torno de sua orientação sexual, chegar a ver que a sexualidade é muito mais que seu tipo preferido de parceria é um convite à integração".

A partir da fundamentação da abordagem gestáltica, a sexualidade é compreendida com um dos aspectos do existir humano. Um aspecto importante, não há a menor dúvida, mas não é o todo, embora em alguns momentos, especialmente naqueles em que a sexualidade torna-se figura para o ser vivente, ela pareça até ser um fim e não um meio. Também por isso, é importante frisar que, a partir desse mesmo referencial gestáltico, a sexualidade é um meio, não um fim em si mesma. O fim da existência humana é o crescimento por meio do contato com outro ser humano e com o ambiente, por meio da busca de relações com o outro e o ambiente. Nesse aspecto, a sexualidade torna-se um meio por excelência e é nesse sentido que ela deve ser entendida. A sexualidade é, por excelência, função propiciadora do contato, seja ele intra ou interpessoal. Não custa esclarecer que não estou tratando especificamente de contatos com vistas a relações ou envolvimentos sexuais, mas, antes, que estou tratando da sexualidade como facilitadora de contatos humanos e, também, contatos com o ambiente.

Por ser meio propiciador de contato, por ser meio propiciador de contatos importantes, por ter sua vivência fundamentada nos sentimentos, a sexualidade se faz presente no processo psicoterápico. No caso da psicoterapia de padres, uma das maneiras pelas quais a sexualidade aparece é nos questionamentos acerca do voto de castidade no celibato a que estão obrigados os padres. Esse é sempre um tema muitíssimo importante nos diálogos que acontecem na situação terapêutica e deve ser compreendido de maneira muito cuidadosa pelo terapeuta que atende pessoas de vida consagrada.

4.2. O celibato

Um dos primeiros pontos sobre os quais se deve refletir para a fundamentação da psicoterapia de padres é o que diz respeito ao fato de que, ao tratar das repercussões do voto de castidade no celibato para a vida do padre, há de se levar em conta que o padre não abdica de sua sexualidade ao ser ordenado, mas, sim, renuncia à expressão genital dessa sexualidade. Não há como alguém abdicar de sua sexualidade, uma vez que essa é uma característica estrutural da personalidade de cada pessoa. Como bem recorta Evola (1976, p. 315), na maioria das tradições religiosas há o preceito da castidade. O problema é que esse preceito é geralmente mal entendido, porque lhe é dada uma interpretação moralista, numa tentativa de excluir ou destruir a força da sexualidade, o que não é possível. Como a sexualidade é inerente ao ser humano, não há como suprimi-la. O máximo que se pode alcançar por esse caminho é a repressão da sexualidade, o que é danoso para o ser como um todo. As alternativas que existem para se lidar com a questão do celibato são, ao contrário da visão moralista, a afirmação e/ou a transformação da sexualidade. Evola comenta que, nesse caso, "não se trata de excluir a energia do sexo, mas de renunciar ao seu uso e à sua dissipação nas relações físicas comuns e procriadoras com indivíduos do outro sexo. Conserva-se o seu potencial, que é, contudo, destacado do plano 'dual' e aplicado a um plano diferente".

Para Duffy (2006, p. 106), "desde uma perspectiva espiritual, o celibato não é somente a liberdade de dedicar-se ao apostolado, mas um chamado e uma opção por relacionar-se com Deus e com os outros em relações não genitais que geram vida para o sujeito e para os demais". Segundo Evola (1976, p. 317), na principal maneira para que tal intuito aconteça, o celibato não pode depender meramente de uma derivação de uma pulsão sexual, mas, sim, ter o propósito de *transcender* o sexo, o que é bem diferente. Para esse autor, "a transmutação de alta ascese não deve ser confundida com as deslocações e as sublimações de que se ocupa a psicanálise nem com as técnicas através das quais procura resolver os problemas pessoais do sexo". Segundo Evola, diversas técnicas podem ser aplicadas a fim de que se produza uma transformação "verdadeiramente transcendente e capaz de absorver a totalidade de seu ser". Só assim, por meio dessa possibilidade da transcendência, não haverá "um desvio ou uma revulsão da sexualidade do seu objetivo mais imediato, porque se terá verificado justamente em função deste sentido profundo". Para que tal aconteça, é preciso que todo o espírito se concentre profundamente em algo superior. Essas pessoas, que Evola qualifica como "santos, ascetas e místicos de alto grau", passado um período inicial de autodomínio, não necessitam mais combater as tentações da sexualidade: "esta espécie de coisas deixa simplesmente de ter interesse para eles; não sentem necessidade da mulher, porque a integração do ser se fez neles por outra via mais direta e menos perigosa". O resultado dessa verdadeira conversão "não é a aversão puritana pelo sexo, mas sim a indiferença e a calma sentidas perante ele". Esse resultado não pode ser conseguido, acredito eu, por obediência, mas só pode derivar de conscienciosa escolha.

Se essa é a proposta mais claramente religiosa, há de se convir que ela é para poucos, como, aliás, levanta Valle (2003, p. 107):

o problema, no caso dos padres, possui uma dupla especificidade: a Igreja propõe a eles um ideal de vida que supõe a castidade celibatária por causa do reino. Ora, essa proposta só tem sentido, psicologicamente falando, para quem tem um nível razoável de maturidade psicoespiritual. O nó do problema é, portanto, o saber se os padres são ou não emocional, afetiva e sexualmente integrados e se a dimensão da fé se insere ou não nesse arranjo de sua personalidade total.

Especialmente para aqueles padres que procuram ajuda terapêutica, no mais das vezes, essa proposta de celibato enquanto transcendência está bastante distante da prática de suas vidas. O que mais encontramos são tentativas moralistas de se lidar com a proposta de celibato, ao lado de um discurso que busca a saída para esse dilema por meio de uma suposta sublimação, bases frágeis para tão grande empreitada. Afetos reprimidos ou supostamente sublimados não são afetos integrados e, por causa disso, tendem a provocar sofrimento e crises de saúde física ou emocional, ou uma vida de aparências, com práticas sexuais escusas, culposas, dissociadas.

Como bem afirma Duffy (2006, p. 107), são necessários uma formação integral e um trabalho pessoal que possibilitem o desenvolvimento de uma espiritualidade que integre a afetividade e a sexualidade para que não haja uma cisão entre a oração e a conduta. Às vezes, continua Duffy, uma cisão entre vida emocional e espiritualidade deriva de falta de conhecimentos sobre a própria sexualidade, que é percebida com temor e como tentação, o que faz com que a pessoa, em vez de escutar-se e discernir o que acontece em seu íntimo, fuja, negue ou se critique duramente pelo que está sentindo. Duffy, então, conclui que, "se isso acontece, a formação recebida antes da ordenação não permitiu a internalização dos valores e o desenvolvimento das habilidades necessárias para enfrentar a solidão e as demandas do ministério".

Não creio que seja tarefa da psicoterapia, nem creio que ela tenha poder para tanto, propor-se a auxiliar o padre no desenvolvimento de um autodomínio que lhe permita viver o celibato de maneira mais integrada. O que a psicoterapia pode propor é fornecer ao padre uma ajuda para que ele integre a sua sexualidade de maneira que possa escolher com maior coerência se quer se manter celibatário, ou não. Um processo terapêutico bem conduzido, ao abrir espaço para discussões sobre e para a vivência mais aprofundada da sexualidade do cliente, abre alternativas para que o padre lide com sua sexualidade para além da repressão moralista ou da suposta sublimação compensadora, abre espaço para que o padre escolha, com base em sensível *awareness*, como prefere viver sua sexualidade.

Optando pela vivência do celibato, e mesmo que não alcance uma integração transcendente, mais típica dos místicos e ascetas, é possível a um padre viver o celibato como uma escolha consciente e livre, fundamentada em uma religiosidade intrínseca, para usar o termo de Allport. Isso não quer dizer que, uma vez feita essa escolha, o padre não mais terá problemas com relação ao celibato. A escolha pelo celibato não é algo que se faça uma única vez, mas é trabalho que se realiza durante toda uma vida. Num processo psicoterapêutico com essas pessoas, como bem salienta Dlugos (2006, p. 84), a meta "é ajudá-los a clarear a realidade de que o celibato é uma experiência difícil e cheia de tensão e que se supõe que seja difícil". Isso porque "a realidade é que uma vida de castidade celibatária é inevitavelmente solitária, e essa solidão é o ponto mesmo do celibato, não um efeito secundário incômodo". Dlugos conta que é comum os indivíduos de vida consagrada sentirem-se "imensamente aliviados quando se dão conta de que a experiência de uma solidão dolorosa tem valor, sentido e propósito, em vez de ser um sinal de que são débeis, inadequados ou inaptos para o estilo de vida celibatário".

O celibato é tema relevante para a prática clínica em psicologia. É muito comum encontrarmos entre os psicó- logos a crença de que uma boa integração da sexualidade só pode se dar por meio de uma vida sexual genital ativa, posição que eu mesmo abraçava quando comecei meus estudos sobre as pessoas de vida consagrada em psicoterapia. Hoje minha posição é outra, e essa mudança se deveu, além dos estudos, a uma convivência mais intensa com pessoas de vida consagrada em meu cotidiano e em minha prática clínica. É mais fácil e, de maneira geral, mais prazeroso alcançar a integração da sexualidade por meio da vida sexual genitalmente ativa, mas esse não é o único caminho. O que indica a integração, ou não, da sexualidade para uma pessoa, é o sentido que a sexualidade ocupa em sua vida, e isso independe da prática de relações sexuais. A vida sexual promíscua, por exemplo, não pode, em sã consciência, ser tida como integrada, por mais relações sexuais que tenha, da mesma forma que a vida celibatária heterônoma também não pode, em idêntica sã consciência, ser tomada como integrada.

Para Dlugos (2006, p. 72), integração é "o processo que permite que todos os diversos aspectos da personalidade humana funcionem juntos, sem o domínio desordenado de um sobre os outros e sem o menoscabo de algum aspecto em relação a outros". Desde meu ponto de vista, quando me refiro a uma sexualidade integrada, estou falando acerca de uma afirmação existencial: a pessoa que tem uma sexualidade integrada é aquela que pode dizer, com todas as letras e tomando corajosa posse de sua fala, *"eu sou um ser sexual, e isso é uma de minhas qualidades"*. Esse é o ponto no qual a psicoterapia pode, a princípio, ajudar o padre a chegar, para então, e só então, fazer melhor sentido a discussão sobre *como* se é, sendo um ser sexual, pois, como escreve Rollo May (1973, p. 258), "somos incapazes de dar atenção a alguma coisa enquanto não pudermos de algum modo sentir um 'eu-posso' em relação a ela".

Um outro aspecto da sexualidade, e muito importante para a psicoterapia, quer seja no que se refere ao celibato, quer seja no sentido mais amplo da sexualidade, é que ela é sempre uma vivência individual. Cada pessoa tem o seu jeito próprio e único de perceber sua sexualidade e tem de desenvolver seu jeito próprio e único de viver sua sexualidade. Assim é que se para alguns a vivência do celibato, por exemplo, é tarefa pouco trabalhosa, para outros é tarefa que demanda um imenso trabalho, lutas dolorosas, difícil integração, e, para outros ainda, é impossibilidade. É também por isso que a vivência da sexualidade, mesmo que seja a vivência da sexualidade celibatária, exige criatividade.

Em terapia, é bastante comum o padre contar sobre experiências sexuais que já teve, desde namoricos até propriamente relações sexuais. De maneira geral, ao contar, o padre enfatiza a(s) experiência(s) vivida(s), num gesto que tenho geralmente entendido como de reafirmação da própria sexualidade, um gesto que deve ser acolhido cuidadosamente pelo terapeuta. É como se o padre dissesse: "sou celibatário, mas me conheço enquanto ser sexual e capaz de relações sexuais". São lembranças que protegem a identidade do ser enquanto sexual, estruturalmente sexual. Possivelmente, vem daí o alívio a que Dlugos se refere quando é dado aos celibatários de vida consagrada reconhecerem-se como seres sexuais. Reconhecer-se como ser sexual é uma das forças que possibilitam uma vida celibatária saudável e integrada, é um dos fundamentos da identidade sexual.

Esse reconhecimento não pode, no entanto, ser colocado como impedidor do debate acerca do celibato obrigatório, um debate ao qual nenhum católico pode ficar alheio. Nas considerações acerca de sua pesquisa, Valle (2003, p. 107) comenta que a questão do celibato é um problema, o que obriga que ela deva "ser trabalhada com mais realismo e humildade no seio de toda a Igreja". Valle completa:

(o celibato obrigatório) não pode mais continuar sendo objeto de interditos extrínsecos. O debate não pode se restringir à discussão só do lado "disciplinar" e "canônico" da questão, por urgente e imprescindível que isso seja. Não é uma questão de "lei". Contam aqui o carisma e a vocação pessoal. Os próprios padres precisam perceber que o essencial é se ajudar a chegar a uma "maestria" teologal (não a teológica!) da vivência de sua sexualidade, como ponte para uma espiritualidade que ajude o povo de Deus a viver esse dom com maior liberdade e responsabilidade.

Valle termina sua discussão com uma inquietadora questão: "de que o celibato, 'este' que vivemos, é, afinal, um sinal em um mundo como o nosso?".

4.3. A homo, a bi e a heterossexualidade

Robert Stoler (1993, p. 21) diferencia os termos *sexo* e *gênero*. Sexo diz respeito ao sexo a que se pertence biologicamente, definindo o macho e a fêmea; gênero vai dizer respeito aos aspectos culturais e individuais dessa vivência, definindo o masculino e o feminino. A identidade de sexo diz respeito à consciência do sexo a que se pertence biologicamente; enquanto a identidade de gênero abarca os aspectos culturais e individuais dessa consciência. A identidade sexual é a soma da identidade de sexo e da identidade de gênero e se constitui a partir de três bases: a biológica, a cultural e a psicológica. São essas as três bases mais importantes para que possamos entender, em um processo psicoterapêutico, como alguns se tornam heterossexuais, outros homossexuais e outros ainda bissexuais, todos partindo da mesma estrutura natural, que faz de cada pessoa ou macho, ou fêmea. Fundamentando nessas três bases, o psicoterapeuta poderá dedicar a devida atenção à sexualidade de seu cliente, sem perder de vista que o cliente é um todo, e, assim, não correrá o risco de fragmentar a compreensão de seu cliente e terá muito menor risco de se ver preso a preconceitos sobre a sexualidade.

No que diz respeito ao sexo, a identidade sexual não traz, a princípio, grandes diferenças entre aqueles padres que são homossexuais e aqueles que são heterossexuais e os bissexuais. Todos estão presos ao voto de castidade no celibato e, portanto, em tese, impedidos de manterem relações sexuais, sejam elas com pessoas do mesmo sexo, sejam com pessoas do outro sexo. Há grandes diferenças, no entanto, no que diz respeito à vivência da sexualidade por parte dos padres homossexuais, bissexuais e heterossexuais, e é importante que o psicoterapeuta esteja atento a essas questões ao conduzir seu trabalho.

O psicoterapeuta não tratará da homossexualidade, bissexualidade, ou heterossexualidade de seu cliente, buscando uma cura ou uma maneira universal e supostamente correta de se viver a sexualidade, pois, como bem lembra Perls (1977, p. 58), "não é tarefa do terapeuta reduzir todos os seus pacientes à uniformidade, dando a todos o mesmo conjunto de necessidades existenciais, feitas sob medida para se ajustar a cada um deles, o menos e o mais capacitado". Para Perls, a tarefa do terapeuta é "facilitar a cada um o desenvolvimento que lhe habilitará a encontrar objetivos que lhe sejam significativos e trabalhar por eles, de um modo maduro". A homossexualidade e a bissexualidade não são patologias, embora possam, tanto quanto a heterossexualidade, ser vividas de maneira patológica. Nesse aspecto, aliás, compartilho com Robert Hopcke (1993, p. 69) a ideia de que a posição homofóbica da sociedade (e da maioria das instituições religiosas) é muito mais patologizante que a própria homossexualidade.

Ao psicoterapeuta compete ajudar seu cliente a viver de maneira integrada sua sexualidade, respeitando sua originalidade e suas circunstâncias. Em psicoterapia, de maneira geral, a demanda dos clientes homossexuais ou bissexuais é diferente da demanda dos clientes heterossexuais, e é sobre o trabalho com os homo e bissexuais que quero discorrer com mais ênfase agora. Justifico essa minha escolha pela relevância do tema e pelo fato de que o percentual de pessoas homossexuais parece ser maior entre o clero que entre a população em geral (cf. Duffy, 2006, p. 123).

Quando o psicoterapeuta trabalha para facilitar a integração da sexualidade por seu cliente, especialmente quando o psicoterapeuta trabalha com clientes homo ou bissexuais, uma das primeiras providências que tem de tomar é verificar como esse cliente vivencia sua sexualidade. A sexualidade está bem apossada como algo da pessoa, e não como algo que acontece na pessoa? Qual o nível de conforto do cliente ao se ver como ser sexual? Como o cliente se sente sendo hétero, homo ou bissexual? Qual o grau de confiança do cliente ao tratar do tema? Como é a história do cliente no desenvolvimento de sua identidade sexual? Que prazeres o cliente vive no que diz respeito à sua sexualidade? Como ele vive esses prazeres? Que incômodos o cliente vive no que diz respeito à sua sexualidade? Como ele vive esses incômodos? Como se relaciona a identidade sexual do cliente com seu todo? Como essas, há uma série de questões pertinentes ao tema que devem passar pela cabeça do terapeuta e pelas discussões entre terapeuta e cliente, para que se descubra a melhor maneira de se abordar o tema em cada processo terapêutico.

No caso específico dos homossexuais, mas de igual valor para os bissexuais, parece-me importante que o terapeuta possa distinguir entre o que se chama de pseudo- homossexualidade e a homossexualidade verdadeira. Os falsos homossexuais são pessoas que, apesar de vivências predominantemente homossexuais, sabem, em seu íntimo, que, se pudessem, teriam vivências predominantemente heterossexuais. Acontece que essas pessoas são heterofóbicas, quer dizer, têm um medo intenso do sexo oposto, de modo que a saída que encontram para expressarem e experimentarem sua sexualidade é por meio da homossexualidade. Numa psicoterapia, se se trabalha e se resolve essa heterofobia, acabam por assumir sua heterossexualidade, dando a impressão de que foram curadas da homossexualidade, quando, na verdade, o que ocorreu foi a libertação de sua heterossexualidade aprisionada (cf. Costa, 1994, p. 86).

Quando falo em pseudo-homossexualidade, estou me referindo a pessoas que se tornaram homossexuais por causa de problemas em seu desenvolvimento emocional, os quais impediram ou dificultaram muito que essa pessoa integrasse adequadamente sua sexualidade. Ao me referir à pseudo-homossexualidade, estou também atento ao fato de que a orientação sexual não é uma questão de branco ou preto, ou seja, as pessoas nas quais, por exemplo, predomina a orientação heterossexual podem experimentar, em certas situações, atração por pessoas de seu próprio sexo. Um dos critérios que uso, embora não seja o único, ao diferenciar a falsa da verdadeira homossexualidade é o momento em que a pessoa se percebe homossexual: para aqueles que vivem a verdadeira homossexualidade, é muito comum a percepção da própria homossexualidade se dar em idade muito tenra; além disso, com o correr do tempo e principalmente após a adolescência, a pessoa tende a não ter dúvidas quanto a ser homossexual, fato que geralmente não acontece com o falso homossexual. Há, basicamente, duas vias pelas quais a pseudo-homossexualidade pode manifestar-se em homens homossexuais (a homossexualidade das mulheres tem algumas particularidades sobre as quais não me estenderei aqui, porque a clientela que interessa a este livro é a de padres): 1) uma dificuldade de se apossar do poder fálico; 2) vivências traumáticas de relações heterossexuais e/ou homossexuais. O trabalho com as questões relativas à homossexualidade nesses casos é diferente em alguns aspectos do trabalho que se faz com pessoas que vivem a homossexualidade verdadeira.

A vivência da homossexualidade – tanto faz se verdadeira ou falsa – em uma cultura homofóbica como a nossa, é, não raramente, penosa e cheia de sofrimentos que os heterossexuais não conhecem. A expressão dos afetos, os chistes, a falta de compreensão, dentre outras questões, são obstáculos importantes para que alguns homossexuais consigam alcançar autoaceitação e um bom ajustamento social. No caso da falsa homossexualidade, no entanto, há algumas peculiaridades que têm de ser levadas em conta pelo terapeuta. Trata-se de percepções muito subjetivas por parte do cliente, que dão conta de certa dúvida, de certa inquietação profunda com relação à orientação sexual vivida, certo medo da homossexualidade que não é comum encontrarmos entre aqueles que vivem uma homossexualidade verdadeira. Além disso, é bastante comum encontrarmos na vida dessas pessoas eventos marcantes, traumáticos, que praticamente "empurram" essas pessoas para uma vivência homossexual.

Essa é a situação vivida por um cliente meu, que relatava ter sido surpreendido por um colega de seminário quando se masturbava em uma sala que se esquecera de trancar; esse colega ameaçou meu cliente, dizendo que ele poderia ser expulso do seminário se o reitor soubesse dessa atividade masturbatória. Então, esse colega propôs ao meu cliente, para não o denunciar, que ele o masturbasse também e, depois, se deixasse penetrar. Meu cliente cedeu e depois se arrependeu muito, acabando por, alguns anos depois, deixar o seminário para se decidir melhor a respeito de sua vocação. Ele relata que então se dedicou muito ao trabalho pastoral na paróquia de sua cidade, buscando ocupar sua mente com o sagrado numa tentativa de conter os impulsos sexuais, buscando evitar, principalmente, o risco de desenvolver uma temida homossexualidade. Acabou voltando ao seminário, ordenando-se padre, mas não conseguiu vencer o medo de se descobrir homossexual.

Nesses casos de falsa homossexualidade, então, a postura e o trabalho do psicoterapeuta com relação à vivência da homossexualidade é diferente, o que não quer dizer que o psicoterapeuta, nesses casos, vá necessariamente trabalhar para que seu cliente deixe de ser homossexual. Não se trata de curar alguém da homossexualidade. No caso desse cliente, por exemplo, no que se refere à sexualidade, o trabalho caminhou no sentido de ajudá-lo a se reconhecer como ser sexual e a ajudá-lo a livrar a sexualidade da carga de pecado e de culpas que era marcante na vivência de meu cliente. Meu propósito no trabalho baseia-se na crença de que, uma vez aliviado dessa visão tão pesada da sexualidade, o cliente pode viver com maior liberdade esse aspecto de si e, por isso, fazer escolhas mais tranquilas no que diz respeito à maneira de viver sua identidade sexual.

Esse cliente, de estilo histriônico, hoje vive seu celibato a partir de um referencial próprio, no qual a experiência homossexual que viveu tem um novo significado. Em sua psicoterapia, a sexualidade foi um dos temas importantes, mas não foi o tema eleito como nosso foco de trabalho, pois nos pareceu, a mim e a ele, mais importante nos determos mais em sua passividade existencial, em suas projeções, em sua facilidade em se vitimar ante as situações de sua vida, que propriamente a sua identidade sexual. O trabalho com esse cliente se desenvolveu principalmente no sentido de facilitar a ele descobrir sua capacidade de atividade, sua potência, pois, como diz Perls (1977, p. 50), "em vez de ser um participante ativo de sua própria vida, aquele que projeta se torna um objeto passivo, a vítima das circunstâncias". No que diz respeito à sexualidade, o trabalho com esse cliente, então, acabou por facilitar a vivência de uma sexualidade mais claramente apossada, algo mais pertinente ao cliente, em vez de algo que acontecesse a ele, algo mais próximo de seu ser e mais aceitável, em vez de algo de que ele tivesse de se envergonhar ou que tivesse de esconder.

Nesse e em todos os outros casos (inclusive quando se trata de graves patologias sexuais), importa muito olhar para o cliente como um todo, cuidando para não o reduzir à sua sexualidade. Importa levar a sexualidade em consideração no processo terapêutico, mas não se pode transformar o processo terapêutico em uma psicoterapia da sexualidade, pois há o risco de se perder de vista o cliente como um todo, ou seja, tomar a parte pelo todo, o que é potencialmente iatrogênico. Ou pior: se proceder assim, se reduzir seu cliente à sua sexualidade ou à sua homossexualidade, o psicoterapeuta corre o risco de repetir o erro da Igreja, que pretende que não haja homossexuais nos seminários ou no clero. Como afirma, com clareza, Duffy (2006, p. 122), essa atitude da Igreja só pode provocar que haja silêncio e repressão quanto ao tema: "quando a homossexualidade é um tabu, a regra de 'não conte a ninguém' aumenta a possibilidade de postergar o processo de integração sexual e, às vezes, a longo prazo, tem como resultado condutas não apropriadas".

Enfim, recapitulando, quero sublinhar que o psicoterapeuta, ao abordar a sexualidade e a identidade sexual de seu cliente, deve ter claro para si que um dos maiores riscos que se pode correr em um processo psicoterapêutico é a redução do cliente à sua sexualidade; outro risco também importante e complementar a esse é o de não dar à sexualidade a devida atenção enquanto condição estrutural da identidade de cada ser humano. A habilidade do psicoterapeuta se expressa na possibilidade de que ele possa trafegar da parte (a sexualidade) ao todo (a pessoa) e do todo à parte, num ritmo que facilite ao cliente a integração desse aspecto tão importante de si, a sexualidade. A busca da integração se fundamenta no fato de que "somente numa integração de espontaneidade e propósito pode o homem fazer uma escolha existencial eficiente. Pois ambos, espontaneidade e deliberação, fazem parte da natureza do homem. O se dar conta e se responsabilizar pelo campo total (...) dão significado e configuração à vida do indivíduo" (Perls, 1977, p. 62).

4.4. As patologias sexuais

A sexualidade não integrada pode direcionar-se para condutas patológicas, algumas delas bastante graves. No caso dos presbíteros, essa tem sido uma preocupação constante da Igreja, por causa de tantos escândalos que vieram à luz nos últimos tempos, especialmente nos EUA.

Num processo psicoterapêutico fenomenológico-existencial, como, por exemplo, a Gestalt-terapia de Curta Duração, o psicoterapeuta vai dar mais atenção à pessoa que tem o problema que ao problema que a pessoa tem. Isso não quer dizer que não se vá trabalhar com os sintomas, mas sim que cada sintoma tem seu sentido na experiência da pessoa que o vive. Isso é também válido para os sintomas relacionados à sexualidade. Nesse aspecto, há de se definir o mais claramente possível o que se deve considerar como patologia sexual.

É importante para o psicoterapeuta que ele esteja bem atento e bem trabalhado no sentido de que não qualifique como patológico algo que é imoral. Patológico e imoral em sexualidade humana são coisas diferentes. A princípio, o patológico em sexualidade é: a) aquilo que repetidamente não está integrado e que gera comportamentos, sentimentos ou pensamentos compulsivos; b) aquilo que repetidamente provoca prejuízos ou sofrimento para a pessoa em questão e/ou para aqueles que com ela convivem; c) formas de comportamento sexual que repetidamente se caracterizem, além da compulsividade, por serem obrigatórias, únicas e extremamente necessárias. É fundamental o psicoterapeuta ter presente que variações sexuais não são desvios, que um ato isolado não significa patologia, que a delimitação do patológico ou saudável em sexualidade humana está circunscrita por contextos históricos, geográficos e culturais. Além disso, e aqui eu me repito para enfatizar, é também importante que o terapeuta tenha presente que a sexualidade saudável depende da criatividade, inclusive para aquelas pessoas que vivem celibatariamente.

Olhando a partir da Gestalt-terapia, a patologia sexual pode ser entendida como resultado do empobrecimento do contato da pessoa consigo mesma e com seu meio, como sintoma de um processo de alienação – recente ou antigo – que a pessoa faz por não se manter *aware*, por não se manter atenta ao fluxo de acontecimentos em sua relação com o mundo.

Neste sentido, é sempre bom lembrar, trata-se de sintomas importantíssimos, na medida em que chamam atenção de forma veemente e, assim, propõem um esforço no sentido da retomada do crescimento. Trata-se de sintomas de imenso significado e prenhes de sentido, que trazem em si uma importante mensagem, um pedido de socorro que deve ser ouvido com muito respeito e muito cuidado, o que não desobriga o terapeuta de tomar algumas providências práticas que extrapolem a psicoterapia, quando achar que é o caso.

Dessas possíveis providências práticas, quero destacar duas: em alguns casos, se julgar que o cliente não pode se proteger adequadamente sozinho, o psicoterapeuta pode solicitar ajuda aos superiores de seu cliente, para que ele seja cuidado com mais atenção e protegido de sua compulsão, assim como para que possíveis vítimas de sua compulsão possam também ser protegidas. Isso é especialmente importante em casos de pedofilia ou de efebofilia em que o sacerdote se aproveite de sua condição religiosa para se aproximar de ou para seduzir crianças ou adolescentes.

A outra providência prática que posso ressaltar, mais voltada para casos em que a ordenação sacerdotal esteja muito próxima, é a possibilidade de que o psicoterapeuta solicite que essa ordenação seja adiada, até que o cliente possa alcançar a possibilidade de se cuidar melhor e não ameaçar sexual ou moralmente outras pessoas a partir de seu poder eclesial.

Outro cuidado que o psicoterapeuta de pessoas de vida consagrada precisa tomar é quanto ao clima organizacional, o qual tem importante peso na vivência da patologia sexual. Esse clima, composto por aspectos estruturais e culturais da congregação ou da diocese, pode influir significativamente na saúde ou no sofrimento de um clérigo, podendo mesmo exercer uma influência às vezes até maior que a própria personalidade ou os valores da pessoa. Para um gestalt-terapeuta isso se fundamenta em uma afirmação de Perls (1977, p. 40), para quem, ao tratarmos uma pessoa significativamente alienada, "se encararmos o homem em seu meio tanto como indivíduo, quanto como ser social, como parte do campo organismo/meio, não podemos jogar a culpa desta alienação nem no indivíduo nem no meio. Desde que indivíduo e o meio são meramente elementos de um único todo, o campo, nenhum deles pode ser considerado responsável pelas doenças do outro. Mas ambos estão doentes".

Ao buscar compreender a saúde emocional e sexual de seu cliente, o terapeuta não deve olhar apenas para a sexualidade, mas também para outros aspectos que podem dar uma ideia sobre como a pessoa lida consigo mesma como um todo. Por exemplo, Sperry (2003, p. 103) alerta que também a teologia do ministério que tenha cada clérigo exercerá importante influência na maneira com que ele se aproxima do ministério.

Para Sperry, há duas teologias do ministério muito diferentes. Em uma delas, "a chamada do ministério é ouvida como uma responsabilidade pessoal pela qual o ministro centra suas energias e talentos em servir aos demais, sustentando a política e a autoridade estabelecidas, mantendo a hierarquia e o controle, e preservando o status quo". A saúde e o bem-estar do ministro são secundários, a pessoa está centrada no polo do fazer e o central é a ação. Na outra teologia do ministério sacerdotal, há um compromisso para com uma "configuração com o Senhor mediante a presença, o discernimento, a reciprocidade, a delegação de poder e transformação. O próprio estilo de vida equilibrado do ministro e a solicitude mútua se convertem nos meios pelos quais se faz presente o reino". Nessa teologia, o fazer nasce do ser e a ação da contemplação. Sperry conclui: "minha experiência clínica mostra que a teologia do ministério equilibrada e sadia é aquela que mantém a pessoa em contato com sua humanidade".

Tomados esses cuidados específicos para com a população de vida consagrada, o trabalho com as patologias sexuais se aproxima bastante daquele feito com a clientela de leigos. Nesse trabalho, assim como em outros trabalhos terapêuticos, há também algumas questões importantes relativas à identidade quando se trata das diferenças entre o trabalho com os leigos e o trabalho com as pessoas dedicadas à vida consagrada. É a esse assunto que passo a me dedicar agora.

5. A identidade

Para a abordagem gestáltica, por influência de Jung, uma das características mais importantes da identidade humana é a capacidade de trafegar entre as polaridades da existência. Isso quer dizer que o ser humano é um ser polar, ou seja, "os aspectos da personalidade visível, por sua própria proeminência, lançam à sombra seus aspectos opostos. Até que tais características, repudiadas ou não reconhecidas, fossem admitidas e integradas à personalidade, o indivíduo permaneceria incompleto" (Polster e Polster, 1979, p. 273). A Gestalt-terapia tem uma perspectiva da polaridade mais abrangente ainda, pois não se restringe aos conteúdos arquetípicos, "mas brota da vida como o oposto de qualquer aspecto, até mesmo de qualquer qualidade do eu".

Quero discutir agora um aspecto da identidade do padre que é tema relevante para a psicoterapia, a possibilidade de o cliente trafegar entre duas polaridades, as quais denominarei aqui como "ser padre" e "ser leigo".

Embora vivamos em um tempo de grandes transformações, marcado por uma cultura ocidental mais relativista e pluralista, menos propensa às certezas absolutas, é muito comum encontrarmos entre os clientes padres a queixa de que, mais do que qualquer outra pessoa de qualquer outra atividade, eles são padres todo o tempo, ou seja, as pessoas (e, frequentemente, o próprio padre) têm dificuldades enormes, às vezes insuperáveis, para conviver com eles como pessoas comuns com direito a dores e desejos comuns.

Certa vez, atendi um padre, jovem, com menos de 30 anos de idade, morador de uma pequena cidade do interior do estado de São Paulo, que gostava de futebol e gostava de jogar futebol. Em uma sessão, ele me contou da dificuldade que sentia quando ia jogar bola: "quando eu estou chegando e o pessoal já está jogando, percebo, de longe, que estão todos à vontade, falando palavrões, disputando normalmente o jogo. É só eu chegar, e todos viram santinhos – ninguém grita mais, ninguém fala palavrão, ninguém dá pontapé em ninguém. Quando eu entro para jogar é pior ainda: alguns não conseguem nem disputar a bola comigo... Eu já falei que dentro do campo eu não sou padre, eu falo palavrões para ver se eles compreendem que podem falar também, mas não adianta, o jogo é outro quando eu estou presente. Já não sei mais o que fazer, pois não quero deixar de jogar bola!".

Outro padre, também de uma pequena cidade, me contava da satisfação que sentia ao andar por São Paulo: "Ênio, aqui posso andar à vontade, fazer o que eu quero, ir aonde me dá vontade, ninguém tem nada a ver com isso. Lá na minha terra, parece que sou vigiado em tudo o que faço. Hoje fui ao cinema, fui ver uma comédia brasileira. Tenho certeza de que, se fosse lá na minha cidade, logo alguém iria comentar: um padre assistindo a esse tipo de filme! Aqui, Ênio, quando eu quero, eu não sou padre!".

A dedicação à vida consagrada representa, em certo sentido, um rompimento com uma série de mundanidades, independentemente da disposição do presbítero para tanto. Há sobre a figura do sacerdote uma série de projeções que remontam ao que de mais antigo há em cada ser humano, por mais que a sociedade ocidental tenha se secularizado. É certo que a atuação do sacerdote sofreu mudanças por causa da secularização, mas não desapareceu, como se chegou a prever. O sacerdote mantém um papel relevante socialmente, o que, em certa medida, pode representar um peso para o presbítero, obrigado a trazer colada à pele, em todos os lugares por onde anda, a veste sacerdotal.

Se é certo que a abstinência do uso da batina abriu espaço para que o padre pudesse não se destacar quando em meio a uma multidão, a batina interna e invisível ainda está presente na autoimagem de muitos padres e, principalmente, na imagem que a maioria dos fiéis fazem do padre. O rei não pode estar nu, por mais que o rei quisesse estar nu às vezes. Assim, o ser padre configura com tal pregnância o campo existencial do presbítero, que mesmo os seus gestos perdem muito da espontaneidade para se tornarem gestos adequados à função sacerdotal. Se lidar com as polaridades referentes ao público e ao privado é tarefa complicada para a maioria das pessoas de nossa sociedade a cada dia mais invasiva, mais difícil ainda é essa tarefa para o padre, e isso tem de ser objeto de reflexões e de cuidados na psicoterapia dessas pessoas.

Para o gestalt-terapeuta, "contato e fuga, num padrão rítmico, são nossos meios de satisfazer nossas necessidades e de continuar os progressivos processos da vida" (Perls, 1977, p. 37). Assim, entendemos que a saúde se fundamenta em um ritmo de contato interno e contato externo, e entendemos igualmente que uma das grandes dificuldades emocionais para o padre é certa cristalização da identidade sacerdotal. O padre é formado nos seminários para ser padre todo o tempo, em todos os lugares, com todas as pessoas, e essa atitude da formação presbiteral recebe considerável reforço social, como me parece ter ficado bem claro no caso do padre futebolista a que me referi acima. Dessa maneira, entendo que é função da psicoterapia facilitar a abertura de espaços nos quais o padre possa deixar de ser somente padre, para que ele possa trafegar entre as polaridades "ser padre" e "ser leigo" com alguma tranquilidade.

A polaridade "ser padre" é inapagável da identidade de quem se ordena. Pessoas que tenham qualquer outra função social, quando abandonam essa função, via de regra abandonam também a identidade ligada a ela – por exemplo, não é comum nos referirmos a alguém que deixou de exercer a medicina como ex-médico, da mesma forma que ninguém conhece um ex-advogado ou um ex-psicólogo. Mas todos nós conhecemos pelo menos um ex-padre. E, não raramente, quando entramos em contato com esse ex-padre, ainda temos para com ele, mesmo que minimamente, uma deferência costumeiramente dedicada ao padre. Tenho em minha família um rico exemplo disso: dentre os inúmeros tios que tive, um se tornou sacerdote. Era o "tio Padre", e não o tio Ivo. A nenhum outro tio eu chamava pela função social. Eu nunca o tratei por "tio Ivo". Somente sua mãe, seus irmãos e suas irmãs o tratavam por Ivo, o que quer dizer que somente no mais íntimo da família, somente no mais original de sua história, o "ser leigo" estava preservado. Imagino que isso deveria ser muito importante para ele, na medida em que mantinha presente sua original laicidade.

Então, me parece ser também importante que a psicoterapia possa proporcionar ao padre espaços nos quais ele possa também ser leigo, pois esse é um atributo indispensável de sua pessoalidade. Antes de ser padre, ele foi leigo e não é preciso que o ser padre se coloque no lugar do ser leigo, mas é necessário que essas duas possibilidades possam coexistir harmonicamente na e para a pessoa total. Uma das maneiras pela qual proporciono ao meu cliente essa vivência é não o tratando pelo epíteto "padre" em nenhum momento do processo terapêutico. Desde a primeira sessão, combino com o cliente que ali é um espaço protegido, no qual ele pode ser o mais inteiro possível, de modo que não o tratarei por "padre fulano", uma vez que isso poderia circunscrever de modo demasiadamente estreito suas possibilidades existenciais e experienciais na psicoterapia.

Outra maneira de facilitar a vivência de um bom ritmo entre essas duas polaridades, o ser padre e o ser leigo, é o terapeuta se manter sempre aberto para discutir com o padre as formas possíveis e criativas por meio das quais o padre possa exercer sua laicidade. Muitas vezes isso se dá por meio de questionamentos sobre as expectativas que repousam sobre o padre, ou seja, o que é, ou não, permitido ao padre.

Nesse sentido, uma das experiências mais interessantes que tive em terapia foi com um padre, de 46 anos, que, numa sessão, contou que havia muitas coisas para as quais se sentia proibido por ser padre. Sugeri fazermos um inventário dessas proibições e, de fato, o fizemos. Depois de feito o inventário, sugeri a ele que organizássemos hierarquicamente aqueles desejos e necessidades proibidos por causa da polaridade "ser padre". Para minha surpresa, o desejo que apareceu em primeiro lugar foi o de sentar-se em um bar com um amigo e tomar descontraidamente uma cerveja; outro desejo era o de parar em um bar ou em uma padaria que encontrasse pelo caminho, tomar um cafezinho e depois continuar tranquilo seu trajeto. Naquela sessão, conversamos bastante sobre isso e sobre o significado e sua vivência dessas proibições. A terapia continuou e praticamente não tocamos mais nesse assunto.

Quando estávamos finalizando nosso trabalho de curta duração, o cliente me contou, com ar de gozo infantil, que naquela semana tinha recebido um amigo de sua terra natal e que ambos tinham tomado uma saborosa cerveja em uma padaria perto do seminário onde se hospedava no período da terapia. Como se isso não bastasse, o padre arrematou contando que, no caminho para meu consultório naquele dia, havia tomado um delicioso cafezinho em um bar. Esse cliente que procurara a terapia porque tinha dúvidas sobre um envolvimento que vinha mantendo com uma mulher, o que o colocava diante da possibilidade de abandonar o ministério, rompeu a relação com essa mulher e continuou padre. Mas, de maneira integrada, deixou de ser só padre.

Um aspecto integrante da identidade, e que merece especial atenção em terapia, são as redes sociais que o ser padre propicia ou impede, ou seja, a maneira como a *padrice* interfere nos contatos sociais. É a essa discussão, acrescida dos correlatos aspectos relativos à atividade laboral, que me dedico agora.

6. As redes sociais

Mais do que muitos outros, o padre é homem de instituição e isso o coloca diante de tensões peculiares. As intrincadas redes sociais que permeiam a vida dos padres, com seus símbolos e limites, muitas vezes tornam penosas as vivências das emoções mais básicas. Se para o padre, como já vimos, é difícil a assunção de sua polaridade laica, também para as pessoas com quem o padre convive há um problema semelhante, como, aliás, já apontei anteriormente. Nesse momento, pretendo aprofundar alguns comentários à repercussão desse aspecto na vivência da intimidade pelo padre.

Mais do que os homens leigos, os sacerdotes têm uma resistência em mostrar o que têm de mais íntimo, o que não lhes tira a necessidade de se expressarem nesse aspecto. Também os padres precisam de intimidade, de partilha, de proximidade afetiva e espiritual, de gestos que confirmem a presença e a pertinência de cada um. Mas, por questões relacionadas às peculiaridades da vida consagrada, entre os sacerdotes esses gestos e essa intimidade tendem a ser ainda mais difíceis.

Um dos motivos que tornam esses gestos e essa intimidade dificultada no processo terapêutico, notadamente em seu início, é o fato de que o padre que vem à terapia quase sempre deixa um lugar social de liderança e importância e se torna um "cliente", sozinho ante um terapeuta, o qual passa a ser um forte ponto de referência. A perda, ainda que momentânea, desse papel social tem efeitos tanto positivos quanto negativos e merece atenção especial por parte do terapeuta. Além disso, como se vê em muitos atendimentos de sacerdotes, o padre pode viver, ao chegar para a terapia, uma situação de indecisão quanto ao seu futuro, de modo que podem passar por ele inúmeras perguntas, fortemente tingidas de emoção e ansiedade, relativas a seu futuro: "Vou voltar para minha paróquia? O que vão dizer de mim (meus colegas, minhas vítimas, minha família etc.)? E se o bispo me mudar de paróquia, ou me negar o uso de ordens, ou me punir de alguma forma?". São questionamentos que comumente acontecem nessa clientela e que permeiam o trabalho com os aspectos mais profundos de sua vida, exigindo constante cuidado do terapeuta e de seu cliente.

Ainda, no que diz respeito à rede social do clérigo, uma das queixas mais comuns entre os padres que já atendi em psicoterapia, diz respeito a certa dificuldade de se viver relações íntimas, uma dificuldade que comumente é atribuída pelos clientes a três fatores mais relevantes: a sexualidade, o poder e o papel social. Porque entendo que as três variáveis estão inevitavelmente imbricadas, comentarei sobre essas três vertentes e suas repercussões no processo psicoterapêutico sem pretender que se possa abordar qualquer uma delas isoladamente. Antes, porém, parece-me importante delimitar o mais claramente possível o que estou chamando de intimidade.

Embora pareça tarefa simples, definir o que é intimidade exige cuidado e precisão, tantas são as interpretações que se podem dar a esse conceito. Sperry (2003, p. 79) traz uma definição básica que me parece simples e abrangente o suficiente para que eu possa usá-la para orientar minhas observações. Para esse autor, "a intimidade implica *tanto* promover a proximidade ou a ligação, *como* ter a experiência de calor e afeto em uma relação humana. O sentido de proximidade pode incluir vínculos emocionais, intelectuais, sociais e espirituais". Sperry lembra ainda que proximidade *não quer dizer*, necessariamente, intimidade, pois se pode, por exemplo, "trabalhar em estreito contato com um colega e, sem embargo, a relação não ser considerada íntima, porque falta o segundo componente, a saber: a experiência de calor e comunicação pessoal".

Quero acrescentar a essa definição de Sperry a observação de que a intimidade diz respeito àquilo que é extremamente pessoal, os atos, sentimentos ou pensamentos mais profundos de alguém que são, numa vivência de intimidade, revelados a outra pessoa. Intimidade é a possibilidade do desvelar-se, do revelar-se. É criar um campo tal de confiança que cada participante do diálogo sabe que terá acolhida (embora não necessariamente concordância) para seus medos, seus desejos, seus projetos, seus sonhos, suas alegrias, suas dúvidas e suas angústias. No entanto, ter intimidade não quer dizer que não se tenha segredos: há algumas coisas de nosso passado e de nossa vida que são somente nossas, há alguns projetos existenciais que só a nós mesmos pertencem.

No que diz respeito ao papel social como impedidor de relações mais íntimas por parte do padre, há de se levar em conta o que já comentei anteriormente, ou seja, o fato de o padre ser depositário de um tal número de projeções sociais que isso dificulta a possibilidade de que sua pessoalidade se mostre e que se estabeleçam relações de horizontalidade e reciprocidade. Via de regra, as expectativas que as pessoas têm sobre o presbítero ainda são muito grandes, o que acaba por dificultar vivências de intimidade, na medida em que o padre se sente amiúde convidado a permanecer no papel de sacerdote, encontrando pouco espaço para se colocar mais pessoal, autêntica e horizontalmente em suas relações cotidianas. Com isso, aumentam as chances de que o padre construa sua identidade muito mais vinculada aos *deverias*, ao dever ser, ou seja, a uma imagem socialmente aceitável de sacerdote. Da mesma maneira, é difícil para muitos leigos acercarem-se do padre apenas enquanto pessoa, abdicando do contato com o papel do sacerdote, o que acaba por dificultar sobremaneira as vivências de intimidade.

Essa questão do papel como impedimento à intimidade *é tão importante que mesmo nas relações entre sacerdotes* o fenômeno da imagem tem relevância. Hiriart (2002, p. 33) comenta que, embora haja uma tendência crescente entre os sacerdotes para viver em grupos, "as redes sociais que conseguem estabelecer são mais comumente assimétricas e mais centradas no trabalho, o que os torna desprotegidos ante situações pessoais difíceis pela falta de confiança que existe no interior do clero". Refletindo sobre essa falta de confiança que percebe nas relações entre os membros do clero, Hiriart afirma que ela pode se dever a uma dificuldade que o presbítero tem para "deparar-se com sua própria humanidade, talvez por uma má interpretação do chamado à 'perfeição cristã'".

Em minha experiência clínica com os clérigos, tenho percebido que é raro que haja na vida desses meus clientes experiências de grandes e duradouras amizades, principalmente na adolescência. Não raramente, são pessoas de pouca profundidade em seus contatos pessoais, embora possam viver um número grande de relações interpessoais, o que me faz crer que é bastante comum o padre ter muitas relações, a grande maioria delas marcada por uma assimetria entre as pessoas. Assim *é que se pode perceber que há, muitas vezes, uma* grande e autêntica disponibilidade do padre para acolher as outras pessoas e até para servir de receptáculo para as questões íntimas dessas pessoas, mas é muito rara uma reciprocidade de intimidades entre o padre e as pessoas com quem se relaciona, sejam elas leigas ou religiosas. Como bem aponta Sperry (2003, p. 114), "em uma relação profissional, a verdadeira intimidade é possível poucas vezes, ou nenhuma, dado que geralmente existe um diferencial de poder. Assim, os ministros ou conselheiros que creem amar de verdade a seu cliente ou fiel se enganam a si mesmos e a outros que possam convencer disso".

Apesar da pesquisa do Ceris (2004) sobre o perfil do padre brasileiro ter levantado que os presbíteros têm amizades que reputam ser pessoais,[1] a maioria dos padres a quem

---

[1] "Os padres, em nosso estudo, afirmam possuir amigos: aproximadamente 44% avaliam que possuem poucos amigos, mas verdadeiros; 41% acreditam que possuem muitos amigos verdadeiros; dados que evidenciam que os padres percebem-se como pessoas que valorizam e possuem amizades" (p. 15).

atendi em psicoterapia têm muitos conhecidos, raros têm amigos íntimos. Uma das maneiras mais comuns de saída dessa situação de abundância de conhecidos e carência de amigos é a tentativa de manter relações pessoais mais íntimas com mulheres, especialmente as religiosas ou alguma benfeitora, esta geralmente idosa. E aí há outra questão também importante para o psicoterapeuta: como já vimos com Dlugos, por causa do voto de castidade no celibato, os padres têm também diferentes limites no que diz respeito à expressão amorosa, o que implica diferentes maneiras de se lidar com a intimidade. Numa relação *íntima entre um homem e uma mulher, é muito provável* que aconteçam momentos em que apareça, pela própria proximidade, certa atração sexual, o que pode assustar o presbítero que não quer colocar em risco seu voto de castidade no celibato. A maioria dos padres que atendi e que viveu essa situação acabou optando por um recuo diante da relação e por uma consequente escolha pela solidão e pela desistência da vivência de intimidade, não se arriscando a se aventurar na verificação de qual o papel daquela atração naquela relação naquele momento. Não aprendeu que, no mais das vezes, essa atração sexual é temporária e é apenas a chave para que o amor-ágape se instale com mais conforto naquele diálogo. O próprio Bento XVI, em sua Carta Encíclica *Deus é Amor*, de 2005, afirma, à p. 14, que, "na realidade, *eros* e ágape – amor ascendente e amor descendente – nunca se deixam separar completamente um do outro. Quanto mais os dois encontram a justa unidade, embora em distintas dimensões, na única realidade do amor, tanto mais se realiza a verdadeira natureza do amor em geral".

Talvez como contrapartida para essa dificuldade de viver relações de proximidade e intimidade, há entre os padres uma tendência a trabalhar demais, como se, ao se esquecerem de si se dedicando exageradamente à sua função pastoral e aos fiéis, essa falta da vivência da intimidade pudesse ficar suprida, num tipo de raciocínio que Boris (2002, p. 23) caracteriza como típico daqueles homens que fazem "trabalho de homem", ou seja, homens que têm uma identidade masculina fortemente marcada por valores patriarcais, os mesmos valores que amiúde encontramos entre os presbíteros católicos:

> persistem em considerar seu *trabalho* como seu principal – ou mesmo o único – esteio na vida, abdicando, muitas vezes, das poucas oportunidades de lazer, ou adotando em relação a elas uma atitude culpabilizada. Ou seja, as explicações psicossociológicas que posso deduzir de tais fenômenos apontam para a sobrecarga, o constrangimento e o mal-estar gerados nos homens por conta da assunção dos *papéis socioculturais* a eles impostos pelo rígido modelo de homem do patriarcado.

Um dos padres que atendi em psicoterapia de curta duração, passado um tempo do fim do trabalho, manda-me um *e-mail* no qual aborda essa questão, que, aliás, tinha sido parte das reflexões durante a terapia: "Vou entrando na rotina de trabalho e vou me sentindo preso. Parece que começo a querer fazer tudo de novo. Sei que é um mal, mas já estou atento. Por enquanto a minha vida tem sido muito corrida. Estou dedicando e acho que até demais ao trabalho.

Já começo a perceber que está faltando tempo para mim, para meus familiares e para cultivar amizades. Estou muito tecnicista, acho que é hora de pisar no freio para não cair na rotina de novo. No mais, vou bem".

Voltarei a discutir essa importante questão do trabalho para os padres mais adiante, quando comentar sobre o tempo na vida consagrada. Por hora, quero voltar à questão das redes sociais para comentar como, parece-me, a psicoterapia pode ajudar os padres a lidarem melhor com essas questões, facilitando a ampliação da coragem, por parte do cliente, para vencer a intimidação que a vivência da intimidade causa.

O ponto básico e fundamental para que uma pessoa possa viver situações de intimidade é a intimidade consigo mesmo, é a possibilidade de que possa se explorar e se conhecer a ponto de confiar em si o suficiente para poder expor-se aos outros sem medo de se perder. Para dar tal passo, para arriscar-se a se conhecer, é preciso coragem e um ambiente protegido e protetor, facilitador para que o cliente se aventure na exploração de si. Quando a psicoterapia consegue se constituir como esse espaço facilitador, abre possibilidades para o padre refletir sobre e integrar sua sexualidade, delimitar sua maneira de lidar com o poder, arriscar-se a se colocar como pessoa em algumas relações interpessoais, principiando pela relação com o terapeuta, um ser humano diante do cliente, uma pessoa interessada em uma relação pessoa a pessoa, embora também nessa relação haja certo obstáculo constituído pelo fato de que ela é uma relação profissional. Ainda assim, *à medida que conseguir se expor na situação terapêutica*, o padre pode, lentamente, generalizar o que vive ali e se abrir para relações mais próximas em sua vida cotidiana, explorando algumas relações de intimidade e se enriquecendo com elas, sem perder a possibilidade das relações verticais e assimétricas tão típicas de sua função social.

Não acredito que o terapeuta deva, mesmo que possa, se propor a viver uma relação de intimidade com seu cliente. Não, isso não é possível, assim como não é possível, na maioria dos casos, para o padre viver esse tipo de relação com um fiel a quem pastoreia. A relação psicoterapêutica não é uma relação horizontal e, portanto, não é uma relação de intimidade. Isso, no entanto, não impede que, a partir dessa relação, a partir da exposição que faz de si para o terapeuta e para si mesmo, o padre amplie suas possibilidades de vivência de intimidade a partir da psicoterapia, antes pelo contrário.

Um outro ponto que poderá ajudar o padre a se arriscar a vivências de proximidade íntima com outras pessoas *é o enfrentamento das proteções exageradas às quais os* padres são geralmente submetidos em sua formação. É a esse assunto que me dedicarei agora.

7. O risco
(vida protegida, inocência, ingenuidade)

Diz o frei Bernardino Leers (2002, p. 5) que, diferentemente das pessoas leigas, as quais têm de procurar emprego, cuidar da profissão e da própria profissionalização, "cuidar da comida, da renda, da casa, e têm que arranjar dinheiro para isso", para os padres "está tudo pronto. Por isso muitos não adquirem responsabilidade para com sua própria vida e, consequentemente, não recebem estímulos para se defender, para se confirmar, para lutar. Isso é muito comum".

Há, de fato, certa proteção que a instituição religiosa oferece a quem abraça a vida consagrada que acaba por trazer algumas questões importantes para a psicoterapia dessas pessoas. Por um lado, a maneira como lidam com as questões financeiras pessoais, por exemplo, muito comumente é permeada por sentimentos de culpa e por experiências dolorosas provenientes de problemas quanto ao estabelecimento de limites quanto aos gastos por causa de uma dificuldade de conhecer o real valor do dinheiro. Assim, ao mesmo tempo que algumas vezes encontramos entre os presbíteros buscas de simplicidade e de contenção de despesas, de afastamento dos apelos consumistas da nossa sociedade globalizada narcísica, que chegam a beirar o exagero, por outro lado é comum o cliente avisar que ficará fora do país por uns tempos porque vai fazer um curso na Europa. Entre os diocesanos, é comum o relato de dificuldades no gerenciamento das finanças da paróquia, principalmente no princípio da vida sacerdotal. Em suma, há entre os padres certa dificuldade para dimensionar o valor do dinheiro, quer seja nas pequenas (e nem sempre necessárias) economias, quer seja na não percepção dos privilégios como, de fato, privilégios por parte de alguns clérigos. Na pesquisa de Hiriart, quando ele entrevista os padres que deixaram o ministério, há algumas observações bastante importantes para este tema. Diz ele, à p.

47, que praticamente todos os entrevistados percebem que é um grande problema para a missão da Igreja a impossibilidade de os sacerdotes se colocarem no lugar dos leigos; ele exemplifica com a fala de um padre: "Fui sair de uma vida protegida. Não é fácil. Mas tem a ver com o tema da felicidade. Sentir-me no meu. Com minha filha tenho sentido o que é um peso, uma responsabilidade. O tema econômico é duro. Aqui dentro não se compreende o que é o tema, não há consciência. A princípio foi muito duro. Por necessidade, tive de dar aulas de religião até quase morrer. Não queria fazê-lo".

Hiriart relata também sobre certo medo que alguns padres sentem ao deixar o sacerdócio. De novo, ele traz falas de alguns padres que responderam sua pesquisa: "A saída a um mundo novo é impactante. Não queria trabalhar"; "Tinha muito medo de sair ao mundo. Só recentemente me sinto mais preparado"; "Não há um conhecimento real do que é a vida laical"; "Como padre, tem-se mais segurança"; "Me pergunto: quantos padres estão sofrendo por dentro? E não fazem nada por medo. Tornam-se funcionários".

Um exemplo de dificuldade com os pequenos gastos foi dado por um cliente, que vem de uma cidade da grande São Paulo. Ele vinha de carro até certo ponto, deixava o carro em um estacionamento e pegava metrô e ônibus para chegar a meu consultório. Quando ele me contou isso, convidei-o a fazermos as contas de quanto ele gastaria de combustível para chegar ao meu consultório de carro. Foi um grande espanto para ele descobrir que gastava mais com estacionamento, metrô e ônibus do que se fosse de carro para a terapia.

Acabamos a sessão discutindo o sentimento de culpa que ele vivia por usar o carro da diocese em proveito próprio, para ir à terapia, mesmo quando ele pagava a gasolina com seu salário.

Um exemplo de situação privilegiada foi dado por um outro cliente, padre, de 34 anos, ordenado há seis anos, que chegou alegre para uma sessão, trazendo uma novidade que tinha experimentado naquela semana: pela primeira vez na vida, comprara algo por meio de um crediário, e seria ele mesmo que iria pagar essa compra. Ele me contou que há muito tempo tinha vontade de ter uma camisa de seu time de futebol do coração, mas não achava justo dar essa despesa para sua congregação, de forma que tinha conseguido criar coragem para fazer um crediário e comprar o tão sonhado bem, cujo valor foi dividido em seis prestações. Aos 34 anos de idade, ele nunca tinha feito uma compra que lhe exigisse algum sacrifício, uma vez que tinha em sua congregação tudo de que precisava para viver, desde a alimentação até local para residir, desde um carro novo até estudos pós-graduados na Europa.

Atendendo religiosos, fica fácil perceber que muitos dos sofrimentos pelos quais eles passam poderiam já ter sido abordados ou, ao menos, levantados no período de formação no seminário. São pessoas que muitas vezes chegam aos seminários cheios de conflitos com relação à religiosidade, à sexualidade, à lida com a autoridade, à afetividade, ao dinheiro, mas que não recebem a devida atenção quanto a esses problemas. Vai-se levando, alguns seminários se apegam a antigas fórmulas que já não funcionam mais, não se dá a esses jovens a atenção devida em termos de saúde emocional.

Felizmente, há já muitos seminários que contam com a assistência de psicólogos na formação dos jovens, o que, dentro de algum tempo, tenderá a facilitar a ocorrência de mudanças necessárias nessa área, certamente transformando a necessidade de atendimentos psicoterápicos.

Vale, ainda, voltarmos à pesquisa de Hiriart (2002, p. 49), para quem "o caminho dos sacerdotes que, ainda que vivendo crises importantes, não abandonaram o ministério sacerdotal tem certos matizes interessantes para sublinhar". Isso porque os entrevistados mostram posturas críticas quanto à sua formação. Temas como "a falta de trabalho sobre eles mesmos ('a direção espiritual errática: se você desnuda muito suas dúvidas se expõe. Custa acreditar, mas muitos seminaristas temem ser expulsos'), mas, sobretudo, a falta de preparação para a mudança que significa sair e enfrentar o trabalho pastoral". De novo, há exemplos de falas de padres: "Faltou expor-se o manejo da liberdade com mais maturidade, não tão superprotegido"; "O seminário é um mundo protegido, que o impede de testar-se e construir um gerenciamento de sua própria vida. É uma mudança muito forte". Segundo Hiriart, "os entrevistados reconhecem que a área mais vulnerável é a afetiva, 'o risco de comprometer-se em relações afetivas que não são sadias por estar estropiado e solitário é alto'".

Na pesquisa comandada por Valle (2003, p. 70), encontramos comentário que corrobora o achado de Hiriart:

> (...) do papa ao formador, forma-se uma cadeia de cobranças. O formando fica "ensanduichado" entre a burocracia que vem de cima e as expectativas que se armam

em torno dele (as pessoais, as familiares e as da comunidade). A pessoa não conta nesse sistema. Daí que se produza o formando "armado" com relação ao formador, gerando um estado de "adolescência permanente" do colegial à teologia. Produz-se uma neurose, "medo de ser mandado embora", e um espírito de resistência ao pessoal formador. Nesse clima não se tem como trabalhar de forma a que o padre seja consequência do ser pessoa. Formá-lo para *ser*, no sentido que lhe é dado por Paul Tillich, e não *formar nele o padre* (como estereótipo oficial). O desabrochar como pessoa livre, consciente, responsável, capaz de assumir em sua totalidade o ministério, no caso o presbiterial. O formar "nele" um estereótipo explica, em parte, que aquele que deixa o seminário largue tudo, vida sacramental inclusive, e que, no quadro de egressos do seminário, de cada mil, vinte apresentem um quadro patológico sério.

Essas questões levantadas pelas pesquisas de Hiriart e Valle são comumente motivos para que os padres procurem psicoterapia, o que reforça a ideia de que um trabalho preventivo nos seminários é mais do que importante. No que diz respeito ao processo psicoterapêutico, a mim me parece que é também muito importante que o terapeuta tenha especial atenção com aqueles seus clientes que são formadores, pois, muitas vezes, uma boa reflexão acerca de problemas vividos na relação com os formandos não só ajuda o formador como também repercute de maneira enriquecedora nos formandos.

Lembro-me de um padre que atendi, formador em um seminário, que começou a ter alguns problemas com um seminarista que o estava assediando sexualmente. Meu cliente, que não era homossexual, ficava embaraçado com os movimentos do seminarista e começou a entrar em um impasse, pois percebia que o rapaz poderia ser um bom padre, mas temia ter de convidá-lo a sair do seminário, porque sua conduta estava ficando inconveniente para meu cliente. Com alguma relutância dele, fizemos algumas sessões tentando esclarecer o que se passava e, aos poucos, foi ficando claro que o embaraço de meu cliente tinha um importante componente de dificuldade de exercer sua autoridade, o que acabava sendo interpretado pelo seminarista como abertura de possibilidade de que pudesse ocorrer algo sexual entre eles. Quando se deu conta disso e percebeu que poderia se apropriar de sua autoridade para, com delicadeza e firmeza, colocar limites claros para o seminarista, em pouquíssimo tempo acabaram as tentativas de sedução e o rapaz retomou a dedicação à sua formação. Meu cliente, a partir daí, relata que, ao se apossar de sua autoridade legítima, pôde apropriar-se melhor de sua missão de formador, com repercussões importantes no contato com todos os outros seminaristas.

O seminário hoje já não é mais a instituição fechada que foi no passado. Em muitos lugares, a vivência da formação para a vida consagrada já começa antes mesmo que o candidato vá para o seminário, muitas vezes já com acompanhamento de outros profissionais, além do formador, o que facilita o questionamento sobre a vocação. O objetivo dessa mudança é propiciar ao jovem vocacionado a possibilidade de ter maior consciência de si mesmo e de suas motivações para a vida consagrada. Nesse sentido, é importante prestar atenção às sugestões dadas pelos padres que foram pesquisados por Hiriart (2002, p. 51). Eles sugerem que seja revista a forma como a maioria dos seminários promove a amizade entre os seminaristas, pois entendem que são forçados a serem amigos de todos e que não têm o devido espaço para relações de maior intimidade e cumplicidade, como, aliás, já comentei em item anterior. Sugerem também os padres chilenos que responderam à pesquisa de Hiriart "que se fomentem as relações de gratuidade no interior do clero, as relações informais". Como sugestões aos superiores hierárquicos, eles "recomendam 'estar atentos às pessoas, não somente à tarefa', isso significa 'cuidado de saber fazer opções', 'medir os recursos humanos', 'não sobrecarregar', 'preocupação pelos destinos pastorais'".

Com essas mudanças propostas, e que têm sido, de certa forma, implementadas em alguns seminários, aliadas às tantas e tão rápidas mudanças pelas quais passa a cultura ocidental, o papel e a formação do formador se tornam ainda mais importantes. Tenho atendido formadores que procuram a terapia por causa de dificuldades vividas na relação com os jovens. Muitos dos formadores são designados para a função sem uma devida preparação, e, por mais que façam cursos e se aproveitem desses cursos, sentem que lhes falta uma *atitude*, fundamentada internamente, para serem, mais do que formadores, educadores. Um formador, na autobiografia que fez, comenta sobre o início de seu trabalho no seminário: "A missão no seminário rapidamente foi assumida. Desde o início, deu boa impressão e isto ajudou – inicialmente – a desenvolver um bom trabalho. Porém, a vida do seminário é muito exigente e tive de assumir algumas posturas que me fizeram sofrer. O exercício da autoridade nestes contextos não é fácil e existe no ambiente certa tendência a viver 'excessos democráticos' (a meu ver) que impedem um desenvolvimento mais ágil e prático das atividades formativas. Porém, isto não me desanimou e eu consegui desenvolver um bom trabalho".

Principalmente por causa das mudanças sociais de nosso tempo, as relações formador-formando são diferentes e exigem uma nova postura e novas possibilidades de compreensão por parte do formador. Há novas questões para os formadores, há novas propostas e novas maneiras de se viver a autoridade na vida consagrada, o que pode gerar impasses e sofrimentos para o formador, provocando momentos em que um acompanhamento psicoterápico pode ser de grande utilidade. Isso sem contar que um formador com mais consciência de suas motivações e de si mesmo tende a fazer um trabalho mais educativo na formação.

Para o terapeuta, um conhecimento sobre o papel e as atribuições de um formador é importante, haja vista que ele possibilitará uma maior base de compreensão sobre o cliente formador. Para o formador, além da valiosa cooperação que lhe pode dar um psicólogo no seminário, um processo psicoterápico proporcionar-lhe-á a oportunidade de se conhecer melhor, de se conhecer melhor enquanto formador e, por via disso, exercer de maneira mais construtiva seu ofício. Ambos, formador e terapeuta, precisam, no entanto, estar atentos à advertência de Hiriart (2002, p. 65), para quem é comum se responsabilizarem os formadores e a formação pelas crises sacerdotais. É lógico que se deve "revisar a pertinência e a eficácia da preparação cognitiva, emocional, social, pastoral e espiritual que recebem os futuros sacerdotes, pensando no mundo de hoje e de amanhã", mas não se devem colocar os formadores e os seminários como os primeiros suspeitos quando há problemas. Para Hiriart, é ingenuidade confiar em excesso na formação, o que acaba por sobrecarregá-la. Diz ele que é preciso lembrar sempre que na vida há muitas mudanças, ou seja, há sempre a possibilidade de a pessoa se confrontar com coisas que não se podem prever, momentos em que o saber acumulado não serve, em que são sumamente necessárias as redes sociais de apoio. Hiriart frisa ainda que o apoio precisa apoiar-se na franqueza e que ele não é sempre "sinônimo de relações brandas, suaves, sem disputas, de uma calidez que suprime toda confrontação". É sabido o quanto é comum os sacerdotes e os seminaristas terem especiais dificuldades na esfera da assertividade, o que Hiriart explica levando em conta certa cautela dos meios eclesiásticos, derivadas de uma diminuição no número de vocações, a qual se associa com "a influência de um meio cultural crescentemente infantilizador, e que tende a patologizar – e, portanto, desconhecer – os problemas humanos e as emoções negativas". Para o autor, isso pode ser percebido "nos formadores, que subestimam os formandos e não sabem quanto exigir, e também na dificuldade das autoridades e das comunidades para enfrentar as diferenças e os conflitos, o que se traduz muitas vezes em um trato superficial".

 Para o terapeuta, além desses aspectos relativos à formação e à relação formador-formando, é preciso que ele tenha especial atenção quanto aos aspectos vocacionais de seus clientes, nosso próximo tema.

8. A vocação para a vida consagrada

A vocação religiosa católica tem três fundamentos: a experiência de Deus, a vida comunitária e o senso de missão, com ênfase maior em um ou outro a depender da comunidade em que se ingressa e se vive. Fundamenta a vida consagrada uma vivência de compromisso, explicitado como perpétuo, exercido em um mundo onde o descompromisso é a tônica. A proposta da vida consagrada é de ser uma experiência de profundidade, num mundo de superficialidades. Num mundo narcísico e, a cada dia, mais hedonista e imediatista, a vida consagrada pretende ser sacrifício, duração, disciplina e amor desprendido. Num mundo em desabalada transformação, prenhe de virtualidades, abundante de futuros, a vida consagrada propõe ser tradição, contenção, comedimento, estabilidade. A vida consagrada propõe-se a ser valores existenciais num mundo de valores comerciais. A vida consagrada tem sérios conflitos com a ideologia globalizante desse início de século XXI.

O padre vive grande parte desses conflitos e os traz para a psicoterapia. Na terapia, essas questões relativas à vida consagrada e à vocação para ela aparecem principalmente por quatro portas: 1) dificuldades de relacionamento com os pares; 2) questões relativas ao sentido da vida; 3) a perenidade dos votos; e 4) a elaboração das perdas impostas pela escolha da vida consagrada.

Todo terapeuta experiente sabe que há grupos de pessoas que apresentam dificuldades importantes de relacionamentos profissionais, cada grupo com suas particularidades. Assim é também com os religiosos. As relações provenientes da escolha vocacional são um dos temas mais marcantes e presentes na psicoterapia de pessoas de vida consagrada. Disputas de poder, jogos políticos, disciplina rígida demais às vezes, competições aguerridas e, muitas vezes, sub-reptícias, preconceitos, falta de autenticidade e dificuldades para lidar com a agressividade e os conflitos são temas cotidianos para o terapeuta que atende religiosos, a ponto de eu não me lembrar de um padre que eu tenha atendido – um, apenas – que não tivesse relevantes conflitos com seus pares. Hiriart (2002, p. 62) também encontra esse como um tema a ser destacado em sua pesquisa e afirma que mais da metade de seus entrevistados manifesta insatisfação com os contatos e a colaboração na diocese; defende ainda que mais de um terço dos pesquisados afirmam que poderiam colaborar mais com o trabalho diocesano. Por fim, Hiriart reitera que "um número importante de sacerdotes se queixa do individualismo, da existência de subgrupos fechados e da comunicação distorcida em sua diocese".

Um dos motivos que podem ser levantados para essas dificuldades é certa indefinição quanto aos limites entre as relações pessoais e as relações profissionais entre o clero, como é apontado por Hiriart (2002, p. 27), para quem as relações verticais e profissionais "funcionam melhor nas dioceses que as relações pessoais e horizontais. A pergunta que surge é se isso poderia estar refletindo uma cumplicidade implícita entre a autoridade e os mesmos presbíteros que reforça uma visão do sacerdote como empregado, um funcionário, um cargo".

Pesquisa desenvolvida por Valle (2003, p. 108) levanta condição semelhante entre o clero brasileiro. Para Valle, "na *convivência dentro do clero*, as relações são sentidas como menos satisfatórias do que as percebidas nos relacionamentos com os outros ambientes e grupos com os quais o padre partilha sua vida. Essa característica é mais palpável no *relacionamento com os Bispos*". Valle levanta também que há, para um número razoável de padres, dificuldades consideráveis de relacionamento com esses seus superiores diretos.

Para alguns clientes, as dificuldades de convivência com superiores ou colegas chegam a ser motivo da busca da terapia. É o caso, por exemplo, de um padre que atendi porque ele queria decidir se continuaria na sua diocese, ou não, por não suportar o que ele chamava de fofocas e jogos de poder entre os padres e os leigos. O cerne do trabalho psicoterapêutico com esse padre foi a busca da compreensão sobre como, ao longo de sua vida, ele lidava com conflitos. Filho de militar, ele fora educado em um meio de pouca tolerância para com o diferente, de desvalorização da mulher, de dureza de sentimentos, e tentou manter esse mesmo padrão na vida consagrada, mas encontrou forte resistência por parte de alguns leigos e, especialmente, algumas leigas, que não aceitavam seu jeito autoritário de ser. Com muita reflexão e sofrido ajustamento, esse cliente pôde entrar em contato com a possibilidade do respeito para com o outro, o que gerou visível alívio de uma ansiedade que o perseguia há muito tempo. Ele contatou e criou espaço para a abertura dos ouvidos e da sensibilidade para a compreensão do outro como diferente, mas não necessariamente desigual.

Dificuldade semelhante viveu um outro cliente, também padre, que não tinha na convivência com os iguais a queixa mais importante para a terapia – embora houvesse questões importantes nesse quesito, este cliente sequer as percebia. Quando ele me procurou, já estava na terceira comunidade, e, como nas outras, acreditava que o diretor da comunidade não o respeitava suficientemente. Por mais que eu propusesse um questionamento sobre padrões de convivência repetidos, o cliente não pôde chegar a esse nível de compreensão e parou precocemente a terapia, quando conseguiu transferência para outra comunidade da mesma congregação.

Outra questão relacionada à vocação para a vida consagrada, e também relativamente comum em terapia, é o questionamento sobre o sentido da vida, mais especificamente o sentido da vida consagrada. Brigas com Deus por causa de sofrimentos não são raras; mais comum, no entanto, é a sensação de perda de sentido da vida consagrada quando um outro valor igualmente importante se coloca como alternativa à vida consagrada. Os exemplos mais comuns dizem respeito à vivência de relacionamentos sexualizados, uma vez que, por causa do voto de castidade no celibato, esses relacionamentos são, ao menos em tese, incompatíveis com a vida consagrada. Aqui, a pergunta é: "vou deixar de ser padre?", ou: "para mim, faz sentido viver longe das vicissitudes da vida consagrada?". Nesses casos, o projeto existencial fica visível e, portanto, exige escolha, tem de ser reavaliado, os votos são, inevitavelmente, questionados, tendo de ser reconfirmados, ou abandonados, ou, a pior opção, não tão rara, relativizados.

Ainda uma outra questão, relativa à vocação e ao sentido da vida e da vida consagrada, é a que diz respeito a como ser padre. São questões importantes, postas geralmente por pessoas que não têm dúvidas acerca da vocação, mas que ainda não encontraram a melhor maneira de explorar essa vocação. Lembro-me de dois exemplos bem marcantes nesse aspecto. Um deles é o de um padre religioso que pretendia tornar-se diocesano. Ele procurou a terapia porque queria discernir com a maior clareza possível qual seria a maneira mais criativamente ajustada pela qual sua vocação se expressaria. Pediu ajuda porque tinha a intenção de escolher principalmente pelo que chamava de "aspectos positivos", e não por ressentimentos que tinha com o provincial e a congregação. Ao cabo de alguns meses, ele se tornou diocesano, cheio de esperanças quanto à nova vida.

Outro que trouxe a busca de sentido no formato do como ser padre foi um cliente que se sentia insatisfeito com a forma como exercia sua missão, especialmente com a forma como rezava suas missas. Contou-me que conhecia inúmeras técnicas de mobilização de grupos e que as utilizava nas missas de acordo com o que pretendia no dia. Assim, se queria fazer uma missa emocionante, logo aplicava uma ou outra técnica, e lá ficavam os fiéis chorando ou sorrindo à larga, as pessoas sentindo-se culpadas ou libertadas, manipuladas por procedimentos técnicos de controle de grandes grupos. Depois de algum tempo exercendo assim seu ministério, esse cliente começou a questionar sobre a honestidade desse seu procedimento, e esse foi um dos motivos de sua busca por ajuda psicoterápica. Depois de um tempo em terapia, suas missas mudaram muito, ganharam coração ao mesmo tempo em que perdiam tecnicidade.

A terceira maneira mais comum por meio da qual a questão da vocação aparece na psicoterapia é a perenidade dos votos, em um mundo que se caracteriza pela brevidade dos compromissos. Há, por parte de alguns clientes, profundos questionamentos acerca de certo aprisionamento que sentem por se julgarem atados a um compromisso por toda a vida, como se isso fosse incompatível com a imprevisibilidade tão característica da existência humana. Não são poucos os clientes que, diante desses questionamentos, acabam por se inspirar no famoso verso de Vinícius de Morais sobre o amor: "Que não seja eterno, posto que é chama, mas que seja infinito enquanto dure".

Quando ouço em terapia esse tipo de questionamento, é óbvio que dou atenção a ele, mas minha atenção fica muito mais presa à compreensão da capacidade de meu cliente de se comprometer. Via de regra, esse é o ponto mais destacado e mais ligado à sensação de aprisionamento nos votos que é explicitada como queixa. A capacidade de entrega e de presentificação do compromisso é, para um processo psicoterápico, mais relevante que a fantasia sobre a extensão temporal dele. Com isso, não estou querendo negar a importância da questão temporal. O que quero salientar é que muitos dos padres que procuram a psicoterapia e se queixam quanto a esse compromisso perene têm, na verdade, dificuldades quanto à sua possibilidade de comprometimento com alguém ou com algo, têm dificuldades para se entregar ao que escolhem e, consequentemente, de se aprofundar na vivência dessa escolha. Se não fossem padres, teriam essa mesma dificuldade no casamento, no trabalho, na profissão. São, via de regra, pessoas que vivem depressivamente na provisoriedade, numa falsa esperança de que algo ou alguém, de repente, miraculosamente, aparecerá e transformará sua vida. Quando a vida os cobra com relação a um comprometimento e a um cuidado maior para consigo mesmos e para com a própria vida, ou quando esse comprometimento mais profundo se torna conscientemente uma possibilidade real, não raro essas pessoas entram em crise, uma crise geralmente marcada por ansiedades, fobias, angústia, medo do amadurecimento. Uma crise que, muitas vezes, tem relação com a descoberta de que toda escolha implica necessariamente uma perda, podendo gerar, ou não, um ganho.

Por causa dessa dificuldade que o ato de escolher traz, a quarta maneira, e talvez a mais comum, como a questão da vocação aparece na terapia é a que diz respeito aos impedimentos, à perda e/ou às restrições a uma série de prazeres na e da vida. Para alguns clientes, é muito penoso pensar que o ganho vocacional acarreta perdas, especialmente nas áreas da sexualidade, do lazer, da autonomia e dos projetos existenciais. Ao se abraçar uma vocação, qualquer que seja ela, especialmente na vida consagrada, há de se elaborar lutos derivados de significativas perdas que a opção vocacional inevitavelmente acarreta.

Não estou tratando dos consoladores e adiadores "*em compensação*", que são a maneira mais comum – e infrutífera – de se trabalhar essas perdas: "você não será pai, *em compensação* exercerá sua paternidade com muitos e muitos fiéis". Não é isso! Em psicoterapia, essas questões têm de ser trabalhadas pelo que são mesmo: perdas. Há de se viver essas dores, há de se despedir, ainda que, eventualmente, no decorrer de um longo tempo, dessas possibilidades, utilizando-se, às vezes, do tão penoso dever de escolher que é imposto ao ser humano só porque ele é humano. Não há como se visualizar uma nova paisagem sem perder a paisagem anterior.

Para finalizar este tópico, quero chamar atenção para a presença da questão da vocação na terapia por um quinto prisma, o da vocação como solução. São aquelas pessoas que se sentem tão vocacionadas que nem fazem da vocação tema dos diálogos terapêuticos, pois essa é porção da vida na qual se sentem mais criativamente ajustadas. Para alguns clientes, embora não para todos, é óbvio, é terapêutico que o terapeuta traga à baila essa questão, para que ela seja explicitamente valorizada e conscientizada, apropriada como conquista, apossada como realização de potencial, que é o que uma vocação deveria ser.

9. O tempo

O tempo religioso não é igual ao tempo leigo. Interferem nele vicissitudes que equilibram de maneira singular a dinâmica entre passado, presente e futuro, de tal maneira que, no tempo religioso, o passado e o futuro mantêm no presente um diálogo diverso daquele mais comumente estabelecido pelo leigo. No tempo religioso, a transcendência, o que está além da experiência sensível, toma para si parcela ponderável das atenções e da excitação existencial. A vida consagrada coloca explicitamente em questão um tempo para além do tempo da vida cotidiana, modificando o próprio sentido da existência. Se o ser humano do mundo globalizado narcísico cada vez mais vive e pensa num futuro imediato e hedonista, a vida consagrada remete a um tipo de dedicação cujo significado só pode ser plenamente compreendido se esta compreensão se ancorar no sentido da vida, especialmente na transcendência.

As diferenças, entre leigos e consagrados, que podemos encontrar na vivência da temporalidade têm suas raízes na vocação sacerdotal, pois essa vocação exige um tipo de entrega bastante diferente do exigido ao leigo. Nas palavras de Valle (2003, p. 97):

> a realização humano-afetiva do presbítero tem uma especificidade que é cada vez mais bem percebida por especialistas em psicologia da religião e por psicoterapeutas. A especificidade vem do fato de o presbítero ser um homem que combina seu projeto de vida e sua realização afetivo-sexual social e cognitiva com uma dimensão autotranscendente – que decorre de uma interpretação e

de um sentido espirituais próprios a quem tem fé. Até pouco tempo atrás, a psicologia mais oficial ignorava essa dimensão própria a pessoas religiosas, enquadrando-a em esquemas interpretativos que não respeitavam as peculiaridades que nascem da afirmação adulta de quem se abre ao Absoluto.

Essa abertura para o Absoluto à qual Valle se refere traz algumas implicações quanto à maneira de lidar com a temporalidade, mudando o significado do projeto existencial e da própria finitude. Essa entrega ao Absoluto se dá a partir da possibilidade de renúncias, e uma das renúncias mais importantes que faz o presbítero é a renúncia a seu tempo, ou à posse do tempo em proveito próprio, o que não é uma renúncia simples e facilmente realizável.

Essa renúncia pode ser vivida, basicamente, de duas maneiras. Em uma, a mais comum, o presbítero entende que deve dedicar concretamente seu tempo para a vocação, e aí se vê presa de um trabalhar compulsivo, no qual não sobra tempo para o lazer, para ser com os outros, para a meditação, para a oração, para a contemplação da vida e a compreensão de si na vida. A qualidade da entrega ao transcendente é medida em horas trabalhadas, em quantidade de missas rezadas e na duração em minutos ou horas de cada missa, em anos sem férias, em ininterrupto sacrifício em prol do outro.

Prepondera aqui o reino do fazer, da concretude, de pouquíssimas relações afetivas, uma atividade pastoral que dá pouca importância ao simbólico e que gera pouca flexibilidade, compreensão e empatia na convivência com os fiéis. Essas pessoas frequentemente confundem fazer muitas coisas, estar ocupado todo o tempo, com vivacidade. Esse tipo de renúncia ao próprio tempo é comum a dois tipos polares de padres: 1) aquele padre que é apenas profissional, que é homem de função, mas não é homem de fé e, muito comumente, é um padre carreirista, que se sobrecarrega de incumbências para ser notado; 2) aquele padre que é só fé, que se aproxima perigosamente do fundamentalismo e que não vê nos problemas humanos nada além de uma luta sem fim entre Deus e o diabo.

A outra forma de renúncia à apropriação do tempo em proveito próprio se dá por meio da transformação do tempo concreto e linear em tempo de significados, além ainda do tempo circular. Aqui, o presbítero, em vez de viver suas atividades pastorais como profissão ou trabalho ou fundamentalismo, as vive enquanto sentido para sua existência. As atividades religiosas são a realização de suas possibilidades, um modo de fazer as pazes com o futuro, lidando criativamente com a angústia da finitude, de modo que a existência reste confirmada a cada momento. Nessa segunda forma de renúncia, há espaço para a convivência humana, para a contemplação, para o lazer, para a oração e para o trabalho, para a transcendência. A partir dessa segunda forma de renúncia vocacional, pode ocorrer uma maneira de viver a vocação religiosa como realização para a existência, como possibilidade de síntese que proporciona uma temporalidade vivida em maior plenitude. Esse tipo de renúncia tende a facilitar um contato pastoral mais compreensivo e acolhedor, mais redentor e confirmador.

Essa segunda modalidade de renúncia da própria temporalidade em prol do sagrado não separa o presbítero do tempo imanente, representando mais uma possibilidade de síntese entre a existência e a transcendência. Isso se dá principalmente quando se alcança a possibilidade de transformar o tempo circular em tempo espiralado, no qual as inter-relações entre passado, presente e futuro adquirem novos significados, na medida em que o presente e o futuro possibilitam constantes revisões do passado, o qual, por sua vez e uma vez revisto e ressignificado, interfere na vivência do presente e nas fantasias sobre o futuro.

É papel da psicoterapia abrir espaço para esse tipo de questionamentos sobre a vocação e a temporalidade, buscando facilitar ao cliente um posicionamento mais consciente ante suas escolhas vocacionais. Não é raro receber para terapia pessoas de vida consagrada que trazem relevantes questionamentos sobre a qualidade de vida que têm e que consideram insatisfatória, porque não se sentem donos do próprio tempo. Reflexões que possam trazer à tona a dialética entre o simbólico e o concreto da temporalidade tendem a facilitar sobremaneira a apropriação do tempo e uma doação desse mesmo tempo de maneira mais integrada, por mais paradoxal que isso possa parecer.

Num outro aspecto relativo ao tempo e à finitude, é bastante comum entre os presbíteros que atendi, principalmente entre os diocesanos, uma preocupação com relação ao tempo da aposentadoria, ao tempo em que não se poderá mais trabalhar, mas ainda se necessitará de abrigo, de alimentação, de cuidados cotidianos. Menos para os religiosos, mais para os diocesanos, de qualquer forma é sempre fonte de angústia para os presbíteros a possibilidade de se descobrirem, quando velhos, sem suficiente apoio, até mesmo sem uma casa onde morar. Haverá dinheiro suficiente para comprar uma casinha e passar os últimos dias? Como poupar o suficiente para isso, se há o voto de pobreza? Quem cuidará de mim, se não haverá filhos e netos que possam me dispensar cuidados? Quanto doerá a solidão na velhice? São questões que perpassam e ferem a mente de muitos presbíteros, e que devem ter acolhida e profunda reflexão na psicoterapia, ensejando, sempre que possível, condutas proativas com relação a elas.

Da mesma maneira que o terapeuta deve dar atenção às particularidades dos presbíteros nas questões relativas ao tempo, há uma série de outras questões que têm de ser consideradas ao se fazer um diagnóstico de cada cliente presbítero que procura psicoterapia.

10. O diagnóstico

Não vou tratar aqui de maneira mais aprofundada e ampla sobre os fundamentos do diagnóstico em psicoterapia, tema sobre o qual remeto o leitor a outros dois livros meus (Pinto, 2009 e 2015), nos quais discuto com suficiente amplidão as bases da compreensão diagnóstica em Gestalt-terapia. Agora, vou fazer aqui apenas alguns apontamentos sobre particularidades do diagnóstico relativas a pessoas de vida consagrada.

Por todos esses aspectos que levantei até aqui neste capítulo, o diagnóstico na psicoterapia de pessoas dedicadas à vida consagrada tem de ser, de certa maneira, diferente do diagnóstico que normalmente se faz em psicoterapia. Começando pelo respeito à espiritualidade do cliente, passando pela aceitação da possibilidade de lucidez nos votos sacramentais e no misticismo, e chegando até o fato de que a vida consagrada configura uma peculiaríssima Gestalt na vida de quem a abraça, o diagnóstico na psicoterapia dessas pessoas tem diferentes limites e engendra diferentes posturas terapêuticas.

No mínimo, esse diagnóstico exige do terapeuta um respeito muito maior aos símbolos, além de uma aumentada capacidade de conviver com o diferente e enxergar nele sua particular beleza, sem perder o senso crítico que lhe possibilitará ver as pessoas dedicadas à vida consagrada como, antes de tudo e mais do que tudo, pessoas em busca do sentido da própria vida, por isso pessoas dinâmicas, vivas, em constante e interminável busca e descoberta de si.

Quero destacar dois pontos desse diagnóstico nestas reflexões que ora faço. Ambos dizem respeito a preconceitos que comumente encontramos entre os psicólogos. O primeiro ponto é relativo ao misticismo, mistério evitado por tantos psicoterapeutas; o segundo ponto é a postura do psicoterapeuta ante a religiosidade e a espiritualidade sua e de seu cliente. Parece-me oportuno relacionar aqui mais de perto essas questões com o diagnóstico e, por via desse, com a psicoterapia para clérigos.

No que se refere às interseções do diagnóstico processual com a mística, já vai longe o tempo em que os fenômenos místicos seriam imediatamente classificados como patológicos, quer seja no sentido de uma suposta histeria, quer seja no sentido de que constituiriam uma psicose ou sintomas de uma psicose. Esse tipo de olhar para as experiências humanas há muito foi abandonado, por inútil e preconceituoso, além de presunçoso, pelas modernas correntes na psicoterapia e por alguns teóricos da psiquiatria. Hoje, já temos conhecimento suficiente para discriminar as vivências místicas de fundo e/ou conteúdo psicóticos daquelas que significam e representam verdadeiramente uma aproximação de fenômenos transcendentes. Esses novos conhecimentos, basicamente conhecimentos diagnósticos, permitem-nos hoje compreender os fenômenos místicos com outros critérios, colocando-os na qualidade de eventos integrantes e inalienáveis da natureza humana. Para um psicoterapeuta, essa postura diagnóstica permite, por exemplo, acolher sem estranhamento e sem tentar patologizar a fala de um padre que diz que às vezes, ao rezar a missa, se sente como que tomado por uma força superior que o inspira e que amplia a qualidade de suas celebrações e de suas homilias.

No trabalho com clérigos, a questão do mistério ocupa lugar de destaque, pois faz parte do cotidiano dessas pessoas. Isso obriga o psicólogo a ampliar seus conhecimentos acerca das religiões. E da religiosidade, com a finalidade de reduzir preconceitos e se abrir para uma compreensão verdadeira e sustentável de seu cliente. Também fica o psicólogo exigido a rever preconceitos acerca da vida consagrada, como, aliás, já comentei quando relatei algumas de minhas primeiras experiências com essa clientela. Esse tipo de cuidado se torna importante para o psicoterapeuta, especialmente na feitura do diagnóstico de seu cliente, para que não se pratique algum tipo de reducionismo fundamentado em preconceitos da ciência contra a religião. Em meu modo de ver, a postura fundamental do psicoterapeuta ao fazer seu diagnóstico é aquela que Paulo Barros (Porchat e Barros, 1985, p. 112) traduz da seguinte maneira:

> para mim, ser terapeuta supõe um interesse humano muito grande, um interesse pela pessoa que está diante de você. Supõe um interesse pelas coisas humanas e uma disponibilidade para perceber o que está acontecendo com a pessoa, uma curiosidade especial e específica a respeito da pessoa em questão. (...) É fundamental um interesse genuíno em relação às coisas humanas.

Esse interesse genuíno em relação às coisas humanas deve abranger também a religião e a religiosidade como coisas genuinamente humanas que devem ser colocadas diante do psicólogo desde sua formação na faculdade. É uma pena que esses aspectos tão importantes do ser, a espiritualidade e a religiosidade sejam tão negligenciados nas faculdades de psicologia, pois isso acaba por facilitar certo medo da religião por parte dos psicoterapeutas.

Nesse sentido, penso que já é mais do que hora para que se implemente ou incremente um diálogo entre a psicoterapia e a religião, principalmente porque o diálogo entre a psicologia e a religião já está estabelecido, especialmente por meio da psicologia da religião. O aprofundamento do psicoterapeuta nas questões relativas à espiritualidade e à religiosidade de seus clientes abre o olhar diagnóstico, possibilitando uma compreensão mais ampla do cliente, especialmente do clérigo. É preciso que o psicoterapeuta alcance a necessária humildade para poder ver a religiosidade como ela de fato é, um direito humano, um respeitável direito humano.

Hoje, depois de anos através dos quais venho ampliando meus estudos sobre a religião, a espiritualidade e a religiosidade, bem como sobre a vida consagrada, tenho cada vez mais firme em mim a convicção de que ao psicólogo são necessários mais estudos sobre esses temas para que ele possa acompanhar com maior competência as pessoas de vida consagrada. Se não tiver cuidado ao se deparar com os fenômenos típicos da vida consagrada, alguns dos quais abordei neste capítulo, embora muitos mais haja, é muito possível que esse psicólogo não se dê conta de algumas facetas importantes de seus clientes e acabe por incentivar preconceitos e, em vez de ser facilitador de crescimento, tornar-se facilitador de cristalizações e incentivador de ansiedades estéreis.

Tão importante quanto os estudos sobre o tema, é a necessidade de que o psicoterapeuta faça um cuidadoso e honesto diagnóstico de si mesmo no que diz respeito à religiosidade. É preciso que esse tema esteja presente na própria psicoterapia do psicoterapeuta. Como ressalta Augras (1981, p. 14), o processo de diagnóstico fundamenta-se na intersubjetividade, o que obriga o psicólogo a observar sua própria subjetividade e transformá-la em ferramenta para a compreensão do outro. Daí, e ainda segundo Augras, torna-se imprescindível ao psicólogo dois caminhos concomitantes de aperfeiçoamento:

aprimorar-se no domínio das técnicas específicas à sua profissão e no conhecimento de si próprio, até como treino para o conhecimento do cliente. Por isso a importância do conhecimento, por parte do psicoterapeuta, de sua própria espiritualidade, sobre sua própria religiosidade, mormente quando pretende atender a clientela de vida consagrada. Especialmente, penso eu, no que diz respeito a quão crítica é essa religiosidade, o quanto nela há de introjeção ainda não moldada devidamente. Por ter começado este livro comentando as diversas maneiras como se pode lidar em psicoterapia com essas questões relativas à religião, à religiosidade e à espiritualidade, não me estenderei mais aqui sobre esse tema tão importante.

Dentre inúmeras outras coisas, essa postura diagnóstica possibilitará, por exemplo, que o psicoterapeuta saiba como lidar com tranquilidade com um fenômeno relativamente comum quando se trabalha em psicoterapia com pessoas de vida consagrada. Ocorre muitas vezes de o padre vir para a terapia trazendo um estigma da congregação ou da diocese que o coloca como o doente do grupo, e isso exige atenção do terapeuta. O terapeuta não tem de aceitar o critério da congregação ou diocese para verificar quem é o "doente", mas, pelo contrário, ele tem de ter seus próprios e bem fundamentados critérios para compreender a situação pela qual passa seu cliente. Para ter seus próprios critérios, ele, o psicoterapeuta, tem de ter seu diagnóstico bem fundamentado. É desse diagnóstico bem fundamentado que depende, em grande parte, o sucesso do processo terapêutico com clérigos.

11. O processo terapêutico

Tanto quanto na questão do diagnóstico, também no que diz respeito ao processo terapêutico, vou me ater a algumas especificidades da clientela em questão, ou seja, agora quero fazer apenas algumas poucas pontuações no que o processo terapêutico tem de mais específico quanto à clientela de vida consagrada, especialmente os clérigos.

Começo pela questão do prognóstico, decisivo para o processo terapêutico e derivado do diagnóstico estabelecido. Se o diagnóstico é diferente para essa clientela, no sentido de levar em consideração as peculiaridades da vida consagrada, também no que diz respeito ao prognóstico haverá diferenças, as quais, por sua vez, provocarão diferenças consideráveis no processo terapêutico. Não diferenças no que o processo psicoterapêutico tem de mais fundamental, mas sutis diferenças no modo de lidar com o que é o mais básico na psicoterapia, o fato de ela ser uma relação que se propõe a desentravar um crescimento momentaneamente estancado em um dos interlocutores, o cliente. Como já comentei, a psicoterapia das pessoas de vida consagrada não é um processo que visa primordialmente devolver à igreja um sacerdote que tenha superado suas dificuldades, mas, antes, visa devolver a si uma pessoa que tenha crescido no enfrentamento de suas angústias e de suas dores, uma pessoa que tenha crescido na descoberta de suas potencialidades antes rejeitadas ou desconhecidas, uma pessoa, enfim, de melhor vivacidade;

devolver a si uma pessoa mais humanizada. Em paz consigo, o pastor pastoreia melhor, se livremente continuar pastor.

Em outros termos, a psicoterapia de base fenomenológico-existencial das pessoas de vida consagrada leva em conta – e o faz de maneira delicada e interessada – os aspectos religiosos da vida dessas pessoas, mas não é uma psicoterapia religiosa ou comprometida com a determinada religião ou a determinada instituição religiosa à qual pertence o cliente. A psicoterapia fenomenológico-existencial para pessoas de vida consagrada, ainda que possa afirmar a realidade da transcendência, não pode julgar as ideias, os mitos, os ritos e os objetos religiosos. Aqui a religião é abordada se for importante na experiência do cliente, e, nesse caso, é abordada em prol do processo terapêutico e, principalmente, em prol do cliente.

Um outro aspecto pelo qual a psicoterapia de pessoas de vida consagrada se diferencia da psicoterapia de leigos é no que diz respeito a um determinado tipo de disciplina que caracteriza a maioria das pessoas de vida consagrada. Em função da instituição, as pessoas de vida consagrada, em sua formação, aprendem um jeito de ser e de se comportar que tendem a repetir na psicoterapia e que se caracteriza por certa retilinearidade de raciocínio e de comportamento, uma retilinearidade que obedece uma lógica muito própria de quem abraça a vida consagrada e que, num processo terapêutico, precisa ser, de certa forma, quebrada. PHG (1997, p. 64) caracterizam esse jeito de ser como um "estado de emergência crônico", um estado no qual "a maior parte de nossas capacidades de amor e perspicácia, raiva e indignação, está reprimida ou embotada".

Uma das características mais marcantes dessa lógica a que me refiro é a disciplina quanto ao processo terapêutico, uma disciplina, um tipo de responsabilidade, que transparece em uma necessidade de trabalhar a cada sessão, durante toda a sessão, como se o processo terapêutico só fizesse sentido em meio a severo e ininterrupto trabalho, o que não é o caso. O processo de psicoterapia, mesmo o de curta duração, comporta – e até necessita de – momentos, às vezes sessões inteiras, de aparente *laissezaller*, momentos em que aparentemente os dois interlocutores estão apenas e tão somente batendo papo, distantes de um clima de seriedade que "deveria" caracterizar um tratamento. São momentos de brincar. Esses momentos são, em verdade, momentos de construção de confiança. Construção de confiança na relação, no sentido de que ela possa ser ampla o suficiente para nela caber toda a gama de compromisso, desde os intensos momentos de aprofundamento em emoções, até leves momentos em que se aprende a rir de si. Construção, por parte do cliente, principalmente, da confiança necessária para abordar um assunto mais delicado, apesar das resistências presentes. Em psicoterapia, é preciso que o cliente possa receber também provisões ambientais para o repouso, uma das fontes do sentimento de confiança.

A ampliação da maioria das fronteiras de contato exige paciência, uma paciência que aparece nesses momentos em que aparentemente não se trabalhou em terapia, quer seja porque se tratou de assuntos triviais, quer seja porque se utilizou alguma expressão artística, ou mesmo porque o cliente faltou a alguma sessão. São esses momentos que, muitas vezes, abrem espaço para a surpresa, ou seja, para uma nova configuração de si por meio da relação dialógica, fruto também da vivência de um tipo de infantilidade que é extremamente saudável. Nas palavras de PHG (1997, p. 113):

> especialmente em terapia, a deliberação costumeira, a factualidade, a falta de comprometimentos e a responsabilidade excessiva, traços da maioria dos adultos, são neuróticas; enquanto a espontaneidade, a imaginação, a seriedade, a jovialidade e a expressão direta do sentimento, traços das crianças, são saudáveis.

De uma maneira muito próxima, Winnicott (1971, p. 80) também levanta a importância de momentos de seriedade infantil:

> parece-me válido o princípio geral de que a psicoterapia é efetuada na superposição de duas áreas lúdicas, a do paciente e a do terapeuta. Se o terapeuta não pode brincar, então ele não se adapta ao trabalho. Se é o paciente que não pode, então algo precisa ser feito para ajudá-lo a tornar-se capaz de brincar, após o que a psicoterapia pode começar. O brincar é essencial porque nele o paciente manifesta sua criatividade.

Desse modo, quando o psicoterapeuta abre espaço para que a produtividade da psicoterapia do padre seja medida por outros critérios que não os do dever, ele cumpre um de seus mais importantes papéis, que é o de devolver seu cliente para ele mesmo.

Outro cuidado bastante específico que o terapeuta deve ter é com relação a uma qualidade facilmente encontrada nos padres: de maneira geral, eles são pessoas de grande capacidade de comunicação verbal. A palavra é um dos grandes instrumentos de atuação do padre, o que faz com que, muitas vezes, a palavra seja o meio pelo qual o padre empobrece seu contato e reduz suas fronteiras. Discursos aparentemente profundos, bem construídos e, não raramente, sedutores intelectualmente, muitas vezes não passam de meios de evitação do contato autêntico com questões importantes. No trabalho com esse tipo de evitações, às vezes experimentos são bem-vindos. O processo terapêutico é um campo por excelência para experimentos, no sentido gestáltico do termo, ou seja, tanto na psicoterapia grupal como na individual, o experimento em Gestalt-terapia é a formulação de uma proposta no sentido de aprofundar, investigar e experienciar uma determinada temática, "geralmente através de uma mudança da linguagem expressiva, muitas vezes incluindo ação corporal. (...) O experimento é espontâneo, novo e surge a partir de uma configuração situacional única" (Tellegen, 1984, p. 115). Propor um experimento é, em muitos casos, o uso da criatividade por parte do terapeuta, uma criatividade que, é óbvio, deve estar a serviço do cliente. Quando se propõe uma mudança de linguagem, o que se procura é facilitar ao cliente olhar para sua questão por outro ângulo, na esperança de que, sob esse novo prisma, a questão faça um novo sentido e favoreça ao cliente a retomada de seu desenvolvimento.

Tive um cliente, padre, um homem de 46 anos, de baixa estatura, de estilo bastante contido, sempre bem-arrumado em bem passadas camisas e em retilíneas calças, que durante um bom tempo falou de sua dificuldade para ser espontâneo e fazer pequenas coisas de que gostaria. Algumas vezes, traduzimos esse desejo como um desejo de ocupar mais espaço, de se apropriar do mundo, e fizemos ricas e importantes elaborações sobre isso. Certa vez, quando explorávamos sua vivência e os significados dela, o cliente me disse: "Pois é, Ênio, é como se eu não usasse todo o espaço que tenho, como se eu ficasse sempre em um canto, oprimido...". Ao que lhe respondi: "Estou vendo". "Como assim? Está vendo?" "Estou vendo. Perceba como você está sentado na poltrona". A poltrona de meu consultório é de assento amplo, no qual uma pessoa pode sentar-se confortavelmente; meu cliente estava sentado em um cantinho da poltrona, quase espremido no braço dela. Ele olhou para o imenso espaço vazio a seu lado, olhou de novo, olhou para mim, moveu-se em direção ao centro da poltrona, experimentou-se nessa posição, respirou profundamente e abriu um dos mais infantis e lindos sorrisos que já vi em minha vida! Esse mo(vi)mento encadeou uma série de ocupações de espaços por parte de meu cliente, de modo que algumas poucas sessões depois desta dávamos por encerrado nosso trabalho e ele podia retomar seu caminho sozinho e libertado. Não tenho dúvidas, esse episódio foi decisivo para que, no devido tempo, ele pudesse deixar a terapia e cuidar da vida por sua própria conta. Com isso não quero dizer que esse momento foi o único evento terapêutico – esse momento é o ápice de todo um trabalho, um evento surpresa, portanto, de certa forma, mágico, que emerge de muito suor anterior, mas que nem por isso deixa de ser surpreendente e mágico. Como bem lembra Lescovar (2001, p. 20), "o elemento surpresa indica que aspectos antes dissociados da personalidade do paciente foram integrados através do encontro".

Um outro ponto importante do processo psicoterapêutico das pessoas de vida consagrada é a fé e seu espaço no processo terapêutico. Para ultimar este capítulo, é à presença da fé na terapia que dedicarei as reflexões finais.

12. As questões relativas à fé

No início deste livro já discuti, de maneira suficiente para nossos propósitos aqui, as possibilidades de posicionamento do psicoterapeuta quanto à espiritualidade e à religiosidade sua e de seu cliente. Naquela altura, defendi que a psicoterapia gestáltica deve ser um trabalho de restauração simbólica. Não pretendo aqui desenvolver mais reflexões sobre isso, mas trazer à luz algumas reflexões sobre o impacto desse posicionamento no atendimento de clérigos. O que significa essa restauração simbólica quando se atende a clientela de vida consagrada?

Uma primeira e básica consequência é a abertura da psicoterapia para as questões da fé, como, aliás, já levantei anteriormente. Talvez de maneira mais relevante que para o cliente leigo, no atendimento de pessoas de vida consagrada, as questões relativas à fé (e à vocação derivada dessa fé) constituem ponto de especial atenção do terapeuta. Como já discuti ao longo deste capítulo, a *padrice* constitui-se como um elemento essencial para a compreensão desses clientes, quer seja no questionamento da fé, quer seja na ampliação do espaço para que a fé possa manifestar-se e apontar sentidos existenciais.

Para alguns, pode causar estranhamento o fato de pessoas de vida consagrada necessitarem de acompanhamento psicoterapêutico, pois, por serem sacerdotes, muito facilmente estão sujeitas a projeções que as colocam muito mais como curadoras que como feridas. Essa presença dos sacerdotes predominantemente como curadores tem, ao menos, duas raízes: 1) uma, histórica, arquetípica, proveniente da posição de junção da figura do sacerdote com a do curador, os dois sendo um, o sacerdote sendo o feiticeiro, o detentor dos conhecimentos sobre as poções que curam, o ser capaz de comunicação curativa com os espíritos e as entidades mágicas de tantas culturas primitivas, algumas ainda remanescentes; 2) a outra, mais atual, aparece na atuação de padres e pastores fundamentalistas que em tudo veem a atuação do Espírito Santo ou do diabo, desqualificando qualquer ação na área da saúde fundamentada na ciência.

O que quero salientar aqui é que, no que diz respeito ao atendimento psicoterapêutico de padres, se a psicoterapia precisa questionar-se para incluir o religioso e o sagrado, também no campo do sagrado e do religioso há ainda muito a se questionar para incluir a psicoterapia. Quer seja entre os leigos, quer seja entre os religiosos. Dou dois exemplos de situações que vivi para ilustrar essa questão.

Há algum tempo, fui a Goiânia, participar de uma jornada de Gestalt-terapia. Do aeroporto ao hotel, tomei um táxi dirigido por um motorista falante, que todo o tempo puxava conversa. Resolvi, no mais puro espírito científico, fazer um experimento e quando, como de praxe, ele me perguntou qual o motivo de minha visita a Goiânia, eu lhe disse que era psicólogo e estava lá para um congresso de Psicologia. Quando o motorista do táxi falou sobre a importância da Psicologia, usando um dos clichês para essas ocasiões, algo como "a Psicologia é uma coisa boa para todo mundo", eu concordei e contei a ele (exagerando, obviamente) que eu era um especialista no atendimento de padres. Houve alguns segundos de silêncio, e ele retorquiu: "Padres? Como padre? O padre da missa?". Anuí e completei: "Eles também precisam de psicoterapia". Mais uns instantes de silêncio, agora um pouco mais longo, a mão esquerda acariciando a própria face enquanto a direita tomava conta do volante. "É verdade. Eles também são humanos, né? Também sofrem. Então, devem mesmo precisar de um psicólogo." "Pois, é", respondi e me calei, à espera. Seguiu-se um longo silêncio, o carro rodando pelas ruas da cidade, a ponto de eu achar que o assunto tinha morrido. Quando estávamos próximos do hotel, o motorista voltou a falar: "Falta fé! É isso: falta fé!". Sua voz saía num tom entre o desafio e o alívio. Ele continuou: "Só pode ser isso: falta fé! Olha, eu sou católico e às vezes perco um pouco da fé, mas logo recupero e vou me confessar. Deve ser isso que acontece com alguns padres. Eles não precisam de psicólogo, não. É só rezar que a fé volta e tudo fica bem!". Não insisti no assunto e respondi com um "hum-hum" que não queria dizer nada e, ao mesmo tempo, dizia tudo ao não deixar meu interlocutor sem uma confirmação mínima de que ouvi seu raciocínio. Pouco depois, desci do táxi e entrei no hotel, trazendo na bagagem mais uma dessas inesperadas experiências que se tornam inesquecíveis porque trazem lições indeléveis.

Essa conversa com o taxista confirmou para mim uma constatação que eu já fizera ao longo desses anos de convivência mais estreita com pessoas de vida consagrada: ainda há muito preconceito para se lidar para que a psicoterapia possa ser um instrumento ainda mais útil para os clérigos. A postura encontrada nesse taxista também aparece em muitas pessoas de vida consagrada, católicos ou não. E não falo aqui apenas das vertentes mais fundamentalistas de algumas religiões, mas de um universo de pessoas a serem esclarecidas sobre as possibilidades de ajuda que a psicoterapia oferece.

Vou ao segundo exemplo.

Recentemente, tivemos em São Paulo mais uma jornada de Gestalt-terapia, cujo tema foi "O Sagrado e o Profano". Uma das mesas foi composta de maneira singular e interessante: uma antropóloga especialista em (e praticante de) religiões afro, uma xamã e psicóloga, e um pajé indígena da tribo dos tupis. Cada um deles fez uma palestra interessante sobre o tema da jornada e, quando se abriu espaço para perguntas, eu indaguei se um pai de santo, um xamã ou um pajé faria terapia. Os três foram unânimes em afirmar que suas atividades eram terapêuticas. Como não me senti respondido, pedi novamente a palavra e troquei de verbo: "Um desses religiosos se submeteria a uma psicoterapia?". Somente o pajé respondeu, afirmando que a psicoterapia não pertencia à cultura indígena, de modo que o pajé nem pensaria nisso. Continuei a me sentir não respondido, mas a mesa foi encerrada.

Fiquei, mais uma vez e tanto quanto no caso do taxista, imaginando que há muito mais preconceito contra a psicoterapia para pessoas religiosas do que supomos alguns ingênuos psicoterapeutas. Nesse sentido, Luisa Saffiotti (2006, p. 28) vem ao encontro do que estou a dizer:

> é necessário assinalar que o entorno social (a cultura, as pessoas) é com frequência muito resistente e desconfiado quanto à Psicologia e tudo o que esteja relacionado com esta ciência. Por conseguinte, é imprescindível discutir e confrontar os mitos sobre a Psicologia (e a psicoterapia) e começar a promover contextos que apoiem e promovam o acompanhamento psicoterapêutico como uma ferramenta de crescimento e desenvolvimento pessoal. De igual ou maior importância é promover entre os bispos e superiores religiosos uma cultura de aceitação da psicoterapia como um aporte valioso à formação e à saúde integral dos sacerdotes e religiosas(os).

No imaginário católico, uma das formas de esse preconceito contra a psicoterapia manifestar-se é colocar o aconselhamento espiritual como conflitivo com a psicoterapia. Houve um cliente que chegou ao ponto de fazer uma separação de trabalhos intrigante: ele acreditava que, para as questões estritamente relacionadas com a fé, um acompanhamento espiritual seria preferível à psicoterapia. Por isso, interrompeu a psicoterapia quando suas questões de momento tinham estreita relação com a fé e com o exercício da fé, dedicou-se exclusivamente ao acompanhamento espiritual, para depois retomar a psicoterapia e voltar a tratar dos aspectos, digamos assim, mais mundanos de seus dilemas e sofrimentos.

Esse caso foi uma exceção, pois, de maneira geral, nos casos em que há necessidade de um acompanhamento espiritual, o que tem acontecido nos meus atendimentos é uma associação de psicoterapia e acompanhamento espiritual, obviamente cada um realizado por uma pessoa diferente, o psicoterapeuta com a psicoterapia, um sacerdote com o acompanhamento espiritual. Não seria bom para nenhuma das duas atividades que uma só pessoa se incumbisse delas ao mesmo tempo para o mesmo cliente.

Acompanhamento espiritual e psicoterapia são atividades diferentes. No acompanhamento espiritual, a pessoa é convidada a refletir sobre sua relação com Deus e com as outras pessoas, a refletir sobre o sentido de sua vida e sobre como viver de modo coerente com sua fé e sua experiência de Deus, a partir de um determinado ponto de vista que é dado pela instituição religiosa. As sessões de acompanhamento espiritual servem para que o acompanhado possa explorar sua relação com Deus, em busca de uma espiritualidade e de uma religiosidade integradas, sob a orientação de um sacerdote mais experiente. O trabalho de acompanhamento espiritual é importante, especialmente para os padres, mas não me parece que ele possa ou pretenda substituir a psicoterapia, antes pelo contrário: acompanhamento espiritual e psicoterapia para pessoas de vida consagrada fazem frutífera parceria, formando uma verdadeira abordagem multidisciplinar para as questões que afetam o cliente clérigo naquele momento de sua vida.

Para finalizar, quero frisar que, ao levantar esses doze pontos que destaquei aqui como portadores de delicadas diferenças entre o trabalho psicoterapêutico com leigos e com pessoas de vida consagrada, meu propósito é trazer à tona questões que possam facilitar o encontro terapêutico quando o terapeuta se vê diante dessa clientela.

Quero terminar lembrando o que há de mais básico no atendimento às pessoas de vida consagrada: por mais que às vezes isso queira fugir da consciência das pessoas, os padres são humanos.

À guisa de conclusão

Este livro teve dois alicerces: 1) um dedicado estudo teórico e 2) uma experiência clínica que não se limitou ao objeto de estudo. Como sou psicoterapeuta há mais de 40 anos, as considerações que fiz se desenvolveram baseadas nessa longa vivência em situações terapêuticas, de curta e de longa duração. Para os fins deste livro, atendi diversos clérigos nos últimos anos, a maioria dos casos com bom sucesso. Este não é um trabalho só teórico, mas um trabalho também fundamentado na prática cotidiana da clínica psicológica. É um trabalho voltado especialmente para aqueles colegas que nutrem, como eu, o sonho de uma psicologia com saberes consolidados, mas não rígidos, que facilitem ao ser humano uma maior conscientização e, por via disso, uma mais significativa presença no mundo. É um trabalho voltado para aqueles religiosos que se preocupam com o diálogo entre religião e ciência, que desejam aprofundar-se em autoconhecimentos por caminhos complementares ao religioso.

De maneira semelhante ao trabalho terapêutico de curta duração, este livro não se esgota nele ou no período em que foi composto, mas abre perspectivas para que seja estendido e gere frutos mesmo depois de concluído. Este livro é um trabalho que, além de trazer contribuições e sistematizações que se pretendem originais para a psicoterapia de pessoas de vida consagrada, também pretende ser o mais profundo e ampliador possível, um trabalho de abertura de portas e de possibilidades, um apontador de caminhos possíveis, um convidador para novos estudos e para novos aprofundamentos.

Ao fim desta parte do caminho, quando chega a hora de levar à luz esse trabalho, minha sensação é, em muito, semelhante à vivência que tenho quando termino um trabalho de curta duração: por um lado, uma sensação de alegria, de satisfação pelo dever cumprido, pelo crescimento facilitado, pela abertura de novos caminhos e pela qualidade do novo patamar que se conseguiu; por outro lado, uma certeza de que ainda há o que se fazer, mesmo sabendo das conquistas alcançadas e tendo ciência de que a qualidade do caminhar já é outra.

Assim como na psicoterapia de curta duração, este livro termina coroado de esperanças. Quando termino um atendimento bem-sucedido em Gestalt-terapia de Curta Duração, despeço-me de meu cliente com a esperança e a confiança de que seu caminho foi desentravado e, por isso, ele pode agora continuar seu desenvolvimento sem as limitações que tinha ou encontrava quando começamos a trabalhar. Quando termino este livro, vivo profunda esperança e confiança de que ele, o livro, abra caminhos para novas pesquisas. Penso que, acima de tudo, este livro muda as perguntas que se faziam sobre o trabalho psicoterápico de curta duração com clérigos, pois proporciona novos questionamentos a partir de aprofundamentos realizados e de novas soluções alcançadas.

O início deste meu trabalho foi marcado por uma questão relevante, proveniente do desejo de contribuir para a fundamentação de um trabalho psicoterápico para a clientela composta pelos clérigos católicos. Desse desejo, e de toda a prática clínica vivida até aquele momento, derivou a questão básica que norteou este livro: como entender a influência das características especiais da clientela composta por clérigos no trabalho psicoterapêutico.

Do desejo de contribuir para as reflexões sobre esse tema, tive consciência quando comecei meus contatos com a clientela composta por pessoas de vida consagrada. Ao começar a atender essas pessoas, foi, a pouco e pouco, tornando-se óbvio para mim que naquele trabalho havia especificidades que mereciam ser estudadas e mais bem delimitadas para que o acompanhamento terapêutico fosse mais efetivo. Havia naqueles atendimentos algo de diferente que demandava ser melhor conhecido e que açulava minha curiosidade e meu espírito científico.

Minha intenção neste trabalho foi desenvolver um olhar mais atento para as interfaces entre a abordagem gestáltica, a espiritualidade, a religião e a religiosidade, e, mais especificamente ainda, as interfaces entre a psicoterapia fenomenológica e a clientela composta pelas pessoas de vida consagrada. Penso que foi fundamental para a organização deste trabalho que ele nascesse no campo disciplinar das Ciências da Religião e não se baseasse somente na Psicologia: se eu não tivesse mergulhado no estudo mais amplo do universo religioso e da cosmovisão religiosa, não conseguiria limpar meu olhar dos matizes do preconceito contra a religião, um colorido que tão demoradamente eu havia implantado diante de mim através de anos de aprisionamento em certo psicologismo que teme o religioso. Este estudo que ora findo não poderia ser feito a partir de um olhar que vê a religião quase como que um defeito humano, um mecanismo de defesa, uma simples sublimação de algo mais importante. Foi preciso que eu alcançasse a coragem do cientista que duvida até de suas dúvidas para que eu pudesse ver a religião, a religiosidade e a espiritualidade como elas de fato são, dados de humanidade.

A partir desse cuidado, um outro cuidado também essencial se impôs: olhar para o encontro entre a religião e a psicoterapia, sabendo que ele não se dá apenas por meio da evitação dos conteúdos religiosos no processo terapêutico, mas, pelo contrário, esse encontro entre religião e psicoterapia se dá e é frutífero exatamente por meio do contato com os aspectos da espiritualidade e da religiosidade do cliente e do terapeuta no processo terapêutico. Olhar para a pertinência desse encontro em psicoterapia traz algumas questões importantes e algumas dificuldades intrigantes e provocadoras. Embora já existam alguns (poucos) trabalhos sobre a psicoterapia para pessoas de vida consagrada, senti falta de uma melhor delimitação desse campo, de modo que, a partir de minha prática clínica, e escorado por diversos estudos sobre as pessoas de vida consagrada e sobre a Gestalt-terapia, apoiado também na preciosa, suportiva e provocadora orientação do Prof. Dr. Pe. Edênio Valle em meu doutorado, defini doze pontos nos quais noto diferenças entre o atendimento psicoterapêutico de leigos e o mesmo trabalho com pessoas de vida consagrada. Ao delimitar esses doze pontos, não pretendi esgotar a diferenças; ao discutir esses doze pontos, não pretendi esgotar as possibilidades de exploração de cada um deles. Embora eu tenha andado parte significativa deste caminho, também aqui há questões a serem exploradas ainda. A sensível relação entre a psicoterapia e a prática do ministério católico ainda tem muito a ser estudada. Termino esse trabalho com a esperança de que ele seja provocador de novos estudos nessa área e para essa população, pessoas de importância social tão intensa que precisam e merecem a concentração de esforços para que sua formação lhes possibilite cada vez mais se humanizarem para que, assim, sejam mais conscientemente agentes de humanização do mundo onde vivemos.

Quando a vida consagrada pesa – considerações de um psicólogo[1]

Ênio Brito Pinto

Para podermos refletir sobre um tema tão importante é preciso que partamos de um conhecimento básico sobre as religiões, o qual pode ser sintetizado da seguinte forma: se há algo em comum a todas as religiões, independentemente de época ou geografia, é o fato de que elas são constituídas por a) um sistema de crenças (a maneira de a fé se expressar); b) sistemas de ética (as leis que regulam e orientam o comportamento humano); e c) sistemas de organização (a maneira como a instituição religiosa se hierarquiza). A partir disso, podemos considerar três tipos de peso na vida consagrada, dentre muitos outros.

É preciso acrescentar ao pressuposto colocado acima um outro: o ser humano é um ser em constante formação, nunca está pronto, muda com o correr da vida e com as experiências. Essas mudanças nem sempre se dão na direção reflexivamente desejada – a vida pode nos surpreender com descobertas que questionam e transformam nossos valores e nossa forma cotidiana de viver.

---

1 Publicado em *Vitória – Revista da Arquidiocese de Vitória -ES*. Ano XII, n° 142, junho de 2017, p. 5-7

Colocadas essas bases, uma advertência é necessária: o tema é muito complexo, é denso, em parte inescrutável. Por isso, farei aqui como que um sobrevoo, um olhar que busca mais ampliar as perguntas que trazer respostas. As considerações que seguem emergem da minha vivência de muitos anos atendendo religiosos em psicoterapia.

Comecemos pelo tema das crenças. Não é comum se pensar nisso, mas o fato é que a fé evolui, pode amadurecer ao longo da vida, dá saltos na medida em que nossa compreensão da própria vida e do universo adquire novos sentidos. O nosso Deus de criança não é o mesmo Deus de nossa velhice. Esse processo de amadurecimento da fé, como todo processo de amadurecimento, embora enriquecedor e desejável, não é sempre um aclive suave, por vezes é difícil, pode gerar angústias, brigas com Deus, desilusões e perdas, confrontos com o trágico e encontros com o mágico da existência. Cada evolução de nossa fé propicia e é fruto de mudanças no sentido da própria existência e da existência do universo.

Um dos momentos em que a vida religiosa pesa é quando se vive mudanças na fé e é preciso se reconstruir. Pesa porque a renovação da fé provoca mudanças no cotidiano, muitas das quais exigem coragem para serem praticadas, pois para alcançá-las é preciso passar pela dolorida travessia através do fértil e espinhoso caminho da dúvida.

Como todos, as pessoas de vida consagrada podem manifestar sinais de ansiedade, estresse e depressão quando precisam fazer alguma modificação importante em suas vidas e não conseguem perceber com nitidez suficiente os recursos pessoais e ambientais de que dispõem. Além disso, o ambiente pode incrementar esses sofrimentos, especialmente provocando expectativas que pedem respostas para além do que aquela pessoa pode dar naquele momento ou demandas que exigem muito cumprimento de papel, em detrimento da espontaneidade e da sinceridade. No caso dos padres, por exemplo, os estressores mais comuns e conhecidos são ligados a expectativas hierárquicas e culturais presentes na sociedade e na formação clerical, os quais dificultam para essas pessoas o devido cuidado com a saúde como um todo e com o amadurecimento pessoal. Uma pequena e não exaustiva lista: excessiva autoexigência, podendo chegar ao perfeccionismo; excessiva exigência por parte dos fiéis (e por parte de alguns superiores), que têm dificuldade em perceber que um padre precisa também de lazer, de alegrias, de companhia, de ócio, de ritmo existencial; dificuldade em perceber que a santidade é horizonte, não meta; um machismo que dificulta ao homem pedir ajuda quando precisa; má alimentação; a não aceitação das dúvidas existenciais inerentes à humanidade; moralismo acentuado; competitividade; para alguns, carreirismo voraz; a obrigatoriedade do celibato para quem não tem vocação para ele, embora tenha vocação para a vida religiosa; aspectos institucionais desumanizantes, muitas vezes anacrônicos; dificuldades provenientes da formação familiar (e pessoal) que não são devidamente trabalhados ou que são convenientemente camuflados durante os anos de formação presbiteral. Aqui a questão central é *como* a pessoa lida com esses estressores. A boa notícia é que esse *como* pode ser modificado pela coragem e pelo amadurecimento da autonomia. A psicoterapia, feita com bases teóricas sólidas e validadas academicamente, pode ser de grande ajuda.

Tudo isso diz respeito a questões éticas, às escolhas que fazemos no mundo cotidiano. Na medida em que nossa espiritualidade evolui, novas questões nos são colocadas, novos desafios precisam ser enfrentados, novas atitudes precisam ser assimiladas. Isso se dá porque o desenvolvimento humano é caracterizado pela passagem ao longo da vida da heteronomia praticamente absoluta para a autonomia relativa, o que implica em uma ampliação da capacidade de simbolização, de liberdade e da consequente responsabilidade à medida que se amadurece. Abandonar o ninho da heteronomia pode ser muito pesado para alguns, especialmente para aqueles que temem desenvolver a habilidade de responder por si – ainda que não solitariamente – às demandas da existência, os que preferem ir somente onde o rebanho vai, por mais que seu coração lhes diga para não ir por ali.

Por fim, nesse breve sobrevoo, o terceiro peso diz respeito à hierarquia, seja a hierarquia entre religiosos, seja entre religiosos e leigos. Aqui, uma obediência acrítica pode vitimar principalmente aqueles que preferem abdicar do próprio poder e o delegar a outro, além daqueles que não têm estrutura para ver outro caminho. Essas escolhas heterônomas podem ser pesos muito difíceis de carregar.

Muitas e muitas vezes a lida com a hierarquia gera uma terrível sensação de não se sentir compreendido, às vezes mesmo de não se sentir considerado, e esse pode ser um peso insuportável para muitos, especialmente aqueles que percebem que a obediência cega não é o melhor caminho, mas não percebem em si forças para tentar outro caminho ou, pior (!), não encontram em si a necessária humildade para pedir ajuda.

O sentido da psicologia para a vida consagrada: considerações[1]

Ênio Brito Pinto

Quero refletir aqui sobre o que leva as pessoas de vida consagrada a procurar auxílio psicoterapêutico. Quero, neste artigo, mais do que fazer essas reflexões, ajudar na compreensão do papel da psicoterapia e, de maneira especial, auxiliar as pessoas de vida consagrada católica a compreender melhor os possíveis alcances e os limites de um processo psicoterapêutico para que se torne efetivamente propiciador de atualizações, crescimentos e autodescobertas, seu fim último.

Para começar, quero deixar claro que, quando me refiro à psicoterapia, estou falando de um método de trabalho interpessoal fundamentado em teorias e técnicas desenvolvidas ao longo de muitos, muitos anos e reconhecidas academicamente, sempre renovadas por novas descobertas ou aprofundamentos. Independentemente de por qual veia filosófica corra a psicoterapia, seja fenomenológica, psicanalítica ou cognitivista, ela precisa dar um norte ao terapeuta no contato com seu cliente (ou paciente – a nomenclatura também depende da abordagem adotada pelo terapeuta). Isso implica reconhecer que toda psicoterapia coerente parte de uma consistente visão de ser humano e tem

---
[1] Publicado em "Vida Pastoral", julho/agosto de 2016

uma proposição suficientemente abrangente do que seja uma existência saudável. É com base nesses critérios que o terapeuta vai cuidar da própria vida e ajudar seu cliente a cuidar da vida dele. Esses dados também fornecerão o reconhecimento acadêmico para a abordagem escolhida pelo terapeuta, fator imprescindível para a confiabilidade do trabalho executado.

Vamos agora olhar para o cliente: o que leva uma pessoa a procurar a psicoterapia? Não é o fato de ter problemas, uma vez que a vida é cheia deles e as pessoas acabam dando conta das dificuldades que o existir lhes impõe. Uma das coisas que levam pessoas a procurar psicoterapia, talvez a mais comum e importante, é a sensação – geralmente muito íntima – de que não se está vivendo com a plenitude que se poderia, ou seja, uma intuição de que o sofrimento perturbador atual pode ser um trampolim para um crescimento pessoal. Nem sempre isso é percebido conscientemente, de modo que o comum é a pessoa procurar a terapia para tentar acabar com o sofrimento, aliviar-se dessa suposta incompetência, suprimir o sintoma. Em outros termos, podemos dizer que, embora a maioria das pessoas não perceba, o que leva à procura de um suporte psicoterápico é a necessidade inalienável que todos temos de crescer, se desenvolver, alcançar a melhor configuração possível para cada situação. Em outros termos, tentando ser mais sintético e prático, há três motivos básicos que levam as pessoas a procurar psicoterapia. O primeiro e mais comum é uma dor existencial que aponta para a necessidade de mudanças difíceis para que o desenvolvimento pessoal não fique estagnado; dor à qual se associa a consciência de que é preciso alguma ajuda especializada. Outro, geralmente de prognóstico um pouco pior, é a obediência cega, ou seja, a pessoa que procura a terapia porque uma autoridade (um médico, um bispo, um provincial, um professor) recomendou ou ordenou que assim se fizesse. Quando a pessoa obedece cegamente por temer punições, poderá desenvolver basicamente três atitudes que praticamente inviabilizam a utilidade de qualquer processo psicoterapêutico: o cálculo de riscos, a resignação passiva ou a ampliação da má vontade. O terceiro motivo surge quando a pessoa aproveita a recomendação (ou, em alguns casos, especialmente na vida consagrada atual, a obrigatoriedade) para transformar a obediência em oportunidade de atualização e crescimento.

No caso das pessoas que procuram auxílio psicoterapêutico por perceberem a necessidade desse recurso e por confiarem que ele lhes poderá ser útil, temos um prognóstico bom para o início do trabalho – o desejo e a necessidade de mudanças estão mais próximos da consciência e são importantes motivadores para a aventura de autoconhecimento e de retomada do crescimento, que constitui, em última análise, o processo psicoterapêutico (ou analítico – a nomenclatura depende da abordagem do terapeuta). No caso das pessoas que procuram a terapia por obediência, como vimos, temos duas possibilidades de prognóstico inicial, a depender de como a pessoa significa a entrada no processo psicoterapêutico.

Lembro-me de duas situações que vivi em terapia que ilustram estes caminhos. Certa vez me procurou um diácono dizendo que precisava fazer terapia porque seu bispo lhe dissera que só o ordenaria se ele fizesse um acompanhamento terapêutico; esse homem compareceu às sessões por alguns poucos meses, praticamente não faltou, mas em nenhum momento se expôs ou se dispôs a se conhecer mais e melhor, apesar de meus esforços. Para o bispo, ele estava fazendo terapia e, portanto, podia ser ordenado. Uma semana antes da ordenação, esse cliente me avisou que não voltaria mais, uma vez que seu objetivo já tinha sido alcançado, ou seja, seria ordenado padre. Aparentemente, fez terapia; na prática, só gastou seu tempo, meu tempo e o dinheiro da Igreja. Caso bem diferente aconteceu com uma religiosa que me procurou certa feita. Ela estava muito brava porque, tendo sido obrigada pela superiora a fazer terapia, achava que não precisava deste recurso naquele momento. Fizemos uma primeira sessão, e, já de início, ela me disse: "Ênio, minha questão é a seguinte: estou aqui porque minha superiora me obrigou a fazer terapia, mesmo contra a minha vontade neste momento. Como tenho que obedecer, então quero aproveitar essa oportunidade para compreender algumas coisas da minha vida e ver se, assim, me sinto ainda melhor sendo eu mesma". Trabalhamos por alguns poucos meses, até que ela foi transferida para um local muito distante de São Paulo, inviabilizando os encontros semanais. Foi muito bonito ver como ela aproveitou os encontros terapêuticos para se atualizar e crescer, ampliando ainda mais seu autoconhecimento e sua autonomia.

    O que diferencia esses dois casos? Basicamente, o sentido que a pessoa pôde dar ao processo terapêutico. Para um, a obediência foi apenas um meio para alcançar seu objetivo, a ordenação sacerdotal. Calculou os riscos e aparentemente fez psicoterapia. Para a outra, a obediência acabou transformada em oportunidade de revisão da própria vida e de reposicionamento ante questões existencialmente expressivas. O bispo do primeiro e a superiora da segunda não tinham possibilidade de ter controle sobre esse sentido dado pelos clientes – certamente ambos recomendaram a psicoterapia com a esperança de que ela gerasse crescimento e melhor posicionamento ante a vida e ante a vida religiosa. Não há como alguém ter esse tipo de controle. Não é eficaz a terapia como método corretivo, ou de ensino, ou mesmo de punição.

A psicoterapia não é lugar onde se vá aprender sobre si, mas o lugar onde se vai descobrir sobre si, e descobrir-se exige coragem ou dor, não obediência. A terapia não pode ser um dever, fruto de uma obediência cega; precisa ser uma escolha. Para tanto, o esclarecimento e a paciência são caminhos muito mais produtivos que a imposição quando se quer que alguém procure e faça mesmo uma psicoterapia.

Corolário disso, é importante que fique claro que não é papel – nem sequer é possibilidade! – do terapeuta convencer seu cliente ou futuro cliente da necessidade e da utilidade de uma terapia. O limite ético de um psicoterapeuta é discutir com seu potencial cliente os possíveis benefícios e as prováveis dificuldades de um processo psicoterapêutico naquele momento, de modo que a pessoa possa decidir da forma mais autônoma possível se quer ou não fazer terapia. O terapeuta ético não é um vendedor de seu trabalho, mas um profissional que conhece as possibilidades e limitações de seu instrumento e confia em sua utilidade nas situações em que ele é escolha pertinente.

Além disso, é preciso que se conheçam e se discutam com maior cuidado as indicações e os limites dos processos psicoterápicos. E é preciso também diferenciar a psicoterapia dos trabalhos preventivos que possam ser feitos como forma de dar suporte à saúde emocional das pessoas de vida consagrada, trabalhos que, embora terapêuticos, não são psicoterapia e, portanto, exigem outras posturas e outras formas de intervenção do psicólogo.

Quando tratamos de saúde em seu sentido mais lato, há, fundamentalmente, duas maneiras de promovê-la – por meio de intervenções preventivas e de intervenções curativas. A psicologia tem recursos para os dois caminhos, embora poucas pessoas estejam atentas para essa diferenciação. A psicoterapia propriamente dita é uma intervenção mais curativa, na qual o aspecto preventivo vem a posteriori, como consequência do incremento da saúde emocional alcançado no tratamento. Com base na vivência de muitos processos psicoterapêuticos curativos, podemos hoje delinear, com uma boa dose de acerto, aspectos que, se tratados de forma preventiva, reduziriam a necessidade de trabalhos curativos. Esse é o principal veio a ser explorado pelos psicólogos que prestam assessorias a seminários, casas de formação de religiosas e paróquias.

Embora ainda haja restrições em setores mais tradicionalistas, já vai longe o tempo em que psicólogos e outros profissionais de saúde não eram bem recebidos em seminários, casas de formação, congregações e dioceses. Hoje, já há um espaço aberto para que esses profissionais possam atuar como auxiliares na formação pessoal dos presbíteros e das demais pessoas de vida consagrada, numa perspectiva de promoção preventiva da saúde como um todo e da saúde emocional em especial. Ainda não temos conhecimento e diálogo suficientes para delinear, com a necessária segurança, o papel e a forma de atuação dos psicólogos ante os religiosos nesse aspecto preventivo, mas já há muita vivência – algumas com sucesso e outras com erros que precisam ser corrigidos – que pode e deve ser compartilhada para que se delineiem com maior clareza as melhores maneiras de atuação do profissional psicólogo ante as pessoas de vida consagrada. A produção acadêmica sobre esse campo ainda é menor do que o desejável, mas tem crescido significativamente e com qualidade.

Em artigo publicado recentemente (PINTO, 2013), mostrei alguns aspectos do olhar gestáltico para a questão da saúde emocional entre as pessoas de vida consagrada, dentre os quais destaquei cinco como os mais importantes do ponto de vista psicoterapêutico: como a pessoa lida com as relações; com a temporalidade (o tempo vivido); com a corporeidade (o corpo vivido) e com a espacialidade (espaço vivido); como lida com a conscientização e a valoração; com a vida afetiva e a sexualidade. Em minha prática clínica, estes são pontos que percebo como mais comumente presentes nas queixas que trazem para a terapia as pessoas de vida consagrada. Por questão de espaço, vou comentar sucintamente três deles, na esperança de que essas reflexões provoquem atuações terapêuticas preventivas de colegas e de pessoas de vida religiosa, além de incentivar aqueles que necessitam a procurar uma psicoterapia. O que diz respeito à conscientização e à valoração ficará para um artigo exclusivo sobre esse tema. As questões ligadas à sexualidade em terapia, já comentei em outros artigos nesta mesma revista e em outros textos.

Seguramente, nestes anos em que atendi pessoas de vida consagrada, as questões relacionais foram o motivo mais comum do pedido de ajuda. Respeitadas as exceções de praxe, de maneira geral, a vida religiosa ainda precisa desenvolver, para boa relação interpessoal, algumas atitudes fundamentais, cuja falta acaba por ferir as pessoas que são mais sensíveis ou passam por períodos de maior sensibilidade ou mesmo susceptibilidade. Há dois lados que comentarei rapidamente, no que diz respeito a essas atitudes fundamentais: o lado da instituição e o lado da pessoa que sofre. Do lado da instituição, a mais importante dessas atitudes, à qual já me referi em um artigo anterior (PINTO, 2009), diz respeito ao fato de que não se deve tratar de modo igual os desiguais – máxima do direito que cabe perfeitamente em todas as áreas da vida. Grande parte dos sofrimentos causados pela tentativa de tratar os desiguais de modo igual, tão comum à vida consagrada, deve-se a uma falta de atenção àquilo que os moralistas chamam de epiqueia, a capacidade de cumprir o sentido da lei sem necessariamente cumprir sua letra. Pressionadas entre o desejo de participação e de pertinência na vida religiosa e a impossibilidade de compreender o que lhes é exigido, muitas pessoas entram em atroz sofrimento por tentarem ser o que não são. Seguramente, se fossem escutadas com maior empatia e calma, com maior companheirismo e humildade, com mais ouvidos que boca, enfim, com maior compaixão, essas pessoas mais sensíveis poderiam compreender melhor os limites e as necessidades da vida religiosa. Ao lado disso, o encobrimento dissimulado que se costuma fazer das competitividades presentes entre muitas pessoas de vida religiosa também é outro aspecto danoso provocado pela instituição nas convivências.

Do lado da pessoa religiosa – e talvez esta seja uma das melhores finalidades do trabalho preventivo dos psicólogos nas casas de formação –, a busca pelo desenvolvimento da curiosidade (o desejo de saber) e a busca pela congruência e pela coerência poderiam facilitar a lida não patológica com as dificuldades relacionais. É preciso não esquecer de que o amadurecimento não se dá apenas pela passagem pelo tempo, mas depende de como passamos por ele. Por fim, no que diz respeito tanto à instituição quanto à pessoa que vive nela, conflitos são inevitáveis quando pessoas se juntam – e até desejáveis quando há um clima de respeito (verdadeiro) e a possibilidade de convivência com divergências, além da sabedoria de não tomar a parte pelo todo, ou seja, de não rejeitar o outro quando se quer rejeitar alguma ideia dele. Adendo importante: essas dificuldades de relacionamento acontecem entre pessoas de vida consagrada e também entre elas e leigos com quem convivem; por exemplo, numa paróquia.

Como ilustração para esse tópico das relações, lembro-me de um trabalho muito breve que fiz com um padre que me procurou porque sofria e se sentia angustiado com o fato de acreditar que os confrades não compreendiam nem aceitavam seu desejo de se tornar diocesano. Ele vivia um impasse importante; era muito forte o impulso para mudar, a ponto de ser vivido mesmo como importante projeto existencial. Ao mesmo tempo, era igualmente forte o desejo de ser leal aos confrades da congregação. Depois de algumas poucas sessões, ele conseguiu desenvolver uma atitude menos belicosa para com seus confrades e encontrou a coragem para falar direta e explicitamente sobre seu sonho com os que lhe eram mais significativos. Acabou por descobrir que o que ele via como oposição era cuidado: os mais próximos não se opunham a que ele deixasse a congregação, mas temiam que ainda não tivesse avaliado bem a situação. Depois de boas conversas com esses confrades, ele deixou a terapia, pois se sentia bem e com confiança para tomar em breve a melhor decisão acerca de como continuar sua vida sacerdotal. Eu nunca soube se ele permaneceu na congregação ou migrou para a diocese.

Na questão da temporalidade, há algo que observo em meu consultório que é muito peculiar às pessoas de vida consagrada: dificilmente se atrasam; pelo contrário, é muito mais comum chegarem antes da hora aprazada, não raro muito antes. Esse é um dos muitos indicativos de que há, entre as pessoas de vida religiosa que conheci, um diapasão maior de ansiedade que entre as pessoas leigas. Não custa lembrar que, como bem disse Fritz Perls (1979, p. 153), a ansiedade é uma "tensão entre o agora e o depois", uma tensão bastante comum entre as pessoas de vida religiosa. Será mesmo possível generalizar essa minha observação, isto é, será que há mesmo esse diapasão maior de ansiedade de maneira geral na vida consagrada? Se sim, por que isso ocorre? O que haverá na formação das pessoas de vida consagrada católica que põe tantas delas em permanente estado de alerta, tão atentas ao depois que muitas vezes perdem o presente? Talvez esse seja um dos pontos da saúde emocional que mais precisam de atenção dos profissionais da área "psi", por ser ainda tão pouco explorado.

No que diz respeito à corporeidade, é visível e maior que o desejável, entre muitas pessoas religiosas, certa falta de atenção e de cuidado para com o corpo. Vou comentar com dois aspectos que mais aparecem na psicoterapia. O primeiro e mais importante, a questão do ritmo: saúde é ritmo, movimento harmonioso e situacional entre contato externo e contato interno, entre vigília e sono, entre trabalho e repouso, entre fome e saciedade, entre tocar e ser tocado, entre ocupar espaço e recolher-se. Um ritmo baseado na espontaneidade, ou seja, uma possibilidade da aceitação e da vivência atenta do corpo, o que acarreta a percepção do direito de viver os limites e os gozos corporais a cada momento. Uma das primeiras e mais terapêuticas descobertas que as pessoas costumam fazer em terapia é a possibilidade de lidar criativamente com os ritmos corporais: respirar sem sofreguidão; falar em harmonia com a respiração; sentir a pele como órgão por excelência de contato, que se delicia com a temperatura agradável e pede agasalho com o frio;

ouvir até as entrelinhas; saborear lentamente cada tempero da comida; olhar para ver; permitir os gestos graciosos, especialmente os amorosos; ocupar o espaço devido, quer seja com os gestos, quer seja com a voz; sentir o coração pulsar com o ritmo do momento, ora vibrante e forte, ora em confortável embalo.

O oposto disso, a forma mais patológica de vivenciar o próprio corpo, é a sujeição dele à vontade. Na vida religiosa isso aparece especialmente (mas não somente) por meio de um ritmo insano de trabalho, quase como se o descanso tivesse se tornado imperdoável pecado. Sempre me impressionou como tantas pessoas religiosas católicas trabalham insanamente! Não é à toa que temos cada vez mais trabalhos teóricos sobre a síndrome de burnout voltados para essa população. Uma das descobertas mais transformadoras que tenho testemunhado em terapia é óbvia: um bom ritmo entre trabalho e descanso torna o trabalho mais útil, eficaz e belo. Ou, em outros termos, é melhor fazer o possível (ainda que difícil) e sorrir de satisfação depois do que tentar o impossível e ter interminável em si o sentimento de frustração.

Então, é hora de, com ritmo e graça, fechar por ora este diálogo e repousar o texto em algum lugar para que ele reverbere e decante o que nele é útil.

Referências bibliográficas

ALLPORT, Gordon. *The Individual and His Religion: A Psychological Interpretation*. Nova Iorque: The MacMillan Company, 1954.

ALVES, Márcio M. *A Igreja e a Política no Brasil*. São Paulo: Brasiliense, 1979.

ALVES, Rubem. *O Que é Religião*. São Paulo: Círculo do Livro, 1989.

ANCONA-LOPEZ, Marília. "Religião e Psicologia Clínica: Quatro Atitudes Básicas". *In:* MASSIMI, Marina e MAHFOUD, Miguel. *Diante do Mistério: Psicologia e Senso Religioso*. São Paulo: Loyola, 1999, p. 71-86.

_____. *A Espiritualidade e os Psicólogos*. V Seminário Nacional de Psicologia e Senso Religioso, Religião e Espiritualidade. PUC, Campinas, SP, 2004.

ARAÚJO, Maria Luíza Macedo de. *Sexo e Moralidade: o Prazer como Transgressão ao Pensamento Católico*. Londrina: UEL, 1997.

AUGRAS, Monique. *O Ser da Compreensão: Fenomenologia da Situação de Psicodiagnóstico.* Petrópolis: Vozes, 1981.

BALDISSERA, Deolino, Pedro. *Acompanhamento Personalizado: Guia para Formadores.* São Paulo: Paulinas, 2002.

_____. *De Quem Sou Eu? Para Quem Sou...* São Paulo: Paulinas, 1999.

_____. *Sou o que Faço de Minha História: Guia para Formandos.* São Paulo: Paulinas, 2002.

BALLONE, G. J. DSM IV. *Diagnostic and Statistical Manual of Mental Disorders.* Disponível em <http://virtualpsy.locaweb.com.br/dsm.php>. Acesso em: 10 mar. 2006.

BARROS, Paulo Eliezer Ferri de. *Narciso, a Bruxa, o Terapeuta Elefante e Outras Histórias Psi.* São Paulo: Summus, 1994.

_____. *Amor e Ética.* São Paulo: Summus, 2006. BEISSER, Arnold. "A Teoria Paradoxal da Mudança". *In:* FAGAN, Joen e SHEPHERD, Irma L. *Gestalt-terapia: Teoria, Técnicas e Aplicações.* Rio de Janeiro: Zahar Editores, 1977, p. 110-114.

BENELLI, Sílvio José. *Pescadores de Homens: Um Estudo Psicossocial de um Seminário Católico.* São Paulo: UNESP, 2005.

BENTO XVI. *Deus é Amor – Carta Encíclica do Santo Padre.* São Paulo: Loyola, 2006.

BERG, J. H. van den. *O Paciente Psiquiátrico: Esboço de uma Psicopatologia Fenomenológica.* São Paulo: Mestre Jou, 1981.

BORIS, Georges Daniel Janja Bloc. *Falas Masculinas ou Ser Homem em Fortaleza: Múltiplos Recortes da Construção da Subjetividade Masculina na Contemporaneidade.* Fortaleza, Departamento de Ciências Sociais, Universidade Federal do Ceará, 2000 (Tese de Doutorado).

_____. "Falas Masculinas ou Ser Homem em Fortaleza: Múltiplos Recortes da Construção da Subjetividade Masculina na Contemporaneidade". *I Encontro Cearense de Estudos de Gênero – Enfoques Teóricos e Metodológicos.* Fortaleza, 2002 (trabalho apresentado).

BRITO, Ênio José C. e GORGULHO, Gilberto da S. (orgs.). *Religião Ano 2000.* São Paulo: Loyola, 1998.

BUBER, Martin. *Eu e Tu.* São Paulo: Cortez & Moraes, 1979.

_____. "Uma Conversão". In: *Encontro: Fragmentos Autobiográficos.* Petrópolis: Vozes, 1991.

CAMON, Valdemar A. A. *Vanguarda em Psicoterapia Fenomenológico-existencial.* São Paulo: Pioneira Thomsom Learning, 2004.

CANCELLO, Luiz A. G. *O Fio das Palavras: Um Estudo de Psicoterapia Existencial.* São Paulo: Summus, 1991.

CARDELLA, Beatriz H. P. *O Amor na Relação Terapêutica: Uma Visão Gestáltica.* São Paulo: Summus, 1994.

CASSIRER, Ernest. *Ensaio sobre o Homem.* São Paulo: Martins Fontes, 1994.

CENTRO DE ESTATÍSTICA RELIGIOSA E INVESTIGAÇÃO SOCIAL. *Perfil do Presbítero Brasileiro.* Rio de Janeiro, 2004. Disponível em <www.ceris.org.br>. Acesso em jul. 2006.

CHAUÍ, Marilena. *Repressão Sexual: Essa Nossa (Des)Conhecida*. São Paulo: Círculo do Livro, 1990.

_____. *Convite à Filosofia*. São Paulo: Editora Ática, 1994.

CIARROCCHI, Joseph W. *A Minister's Handbook of Mental Disorders*. Nova Iorque: Paulist Press, 1993.

CIARROCCHI, Joseph W. e WICKS, Robert J. *Psychotherapy with Priests, Protestant Clergy, and Catholic Religious: A Pratical Guide*. Boston: Psychosocial Press, 2000.

CIORNAI, Selma. *Da Contracultura à Menopausa*. São Paulo: Oficina de Textos, 1999.

COSTA, Ronaldo Pamplona da. *Os Onze Sexos: As Múltiplas Faces da Sexualidade Humana*. São Paulo: Editora Gente, 1994.

COZZENS, Donald. *Silêncio Sagrado: Negação e Crise na Igreja*. São Paulo: Loyola, 2004.

DELUMEAU, Jean. *A Confissão e o Perdão*. São Paulo: Companhia das Letras, 1991.

DIAS, Maria de Fátima. *A Homossexualidade em Winnicott: Uma Visão da Homossexualidade à Luz da Teoria do Desenvolvimento Humano*. São Paulo: Departamento de Psicologia, Pontifícia Universidade Católica, 1998 (Dissertação de Mestrado).

DIAS, Maria de Fátima. *Um Estudo sobre a Teoria Winnicottiana da Sexualidade*. São Paulo: Departamento de Psicologia, Pontifícia Universidade Católica, 2005 (Tese de Doutorado).

DLUGOS, Raymond. "Enfoques Psicoterapéuticos a las Dificultades Afectivas y Sexuales en Sacerdotes y Religiosas(os)". *Humanitas: Revista de Investigación*, 2 (2): 68-88, 2006 (San José).

DYCHTWALD, Ken. *Corpomente*. São Paulo: Summus, 1984.

DUFFY, Kevin Flaherty. "Espiritualidad, Afectividad e Integración Psicosexual en el Acompañamiento de Sacerdotes y Religiosas(os)". *Humanitas: Revista de Investigación*, 2 (2): 104-124, 2006 (San José).

ELIADE, Mircea e COULIANO, Ioan P. *Dicionário das Religiões*. 2. ed. São Paulo: Martins Fontes, 2003.

ELIADE, Mircea. *Mythes, Rêves et Mystères*. Paris: Gallimard, 1957.

_____. *Aspects du Mythe*. Paris: Gallimard, 1963.

_____. *La Nostalgie des Origines – Méthodologie et Histoire des Religions*. Paris: Éditions Gallimard, 1978.

_____. *Tratado de História das Religiões*. São Paulo: Martins Fontes, 1998.

EVOLA, Julius. *A Metafísica do Sexo*. Lisboa: Edições Afrodite, 1976.

FAGAN, Joen e SHEPHERD, Irma L. *Gestalt-terapia: Teoria, Técnicas e Aplicações*. Rio de Janeiro: Zahar Editores, 1977.

FARRIS, James. "Religião Madura e Imatura: Uma Análise Crítica da Teoria de Gordon Allport e suas Implicações para o Estudo da Religião". *Revista Estudos de Religião*, 21: 60-75. 2002 (São Paulo).

FIGUEIREDO, Wagner. "Assistência à Saúde dos Homens: Um Desafio para os Serviços de Atenção Primária", *Revista Ciência e Saúde Coletiva*, 10 (1): 105-109. jan.-mar. 2005 (Rio de Janeiro).

FIORINI, Héctor J. *Teoría y Técnica de Psicoterapias*. Buenos Aires: Ediciones Nueva Visión, 1975.

FORGHIERI, Yolanda C. *Psicologia Fenomenológica: Fundamentos, Método e Pesquisas*. São Paulo: Pioneira, 2001.

FRAZÃO, Lilian. "O Pensamento Diagnóstico e Gestalt-terapia". *Revista de Gestalt*, 1 (1): 41-46, 1991 (São Paulo).

_____. "A Compreensão do Funcionamento Saudável e Não saudável: A Serviço do Pensamento Diagnóstico em Gestalt-terapia". *Revista do V Encontro Goiano da Abordagem gestáltica*. Goiânia: ITGT, 1999, p. 27-34.

FREITAS, Dilene. "Uma Conversa Franca sobre o Respeito ao Diferente". *Jornal de Opinião*, 15-21 jul. 2002, p. 4-5.

FRICK, Willard B. *Psicologia Humanista: Entrevistas com Maslow, Murphy e Rogers*. Rio de Janeiro: Zahar, 1975.

FROMM, Erich. *O Dogma de Cristo*. Rio de Janeiro: Zahar, 1965.

GINGER, Serge e GINGER, Anne. *Gestalt: Uma Terapia do Contato*. São Paulo: Summus, 1995.

GIOVANETTI, José Paulo. "O Sagrado e a Experiência Religiosa na Psicoterapia". *In:* MASSIMI, Marina e MAHFOUD, Miguel. *Diante do Mistério: Psicologia e Senso Religioso.* São Paulo: Loyola, 1999, p. 87-96.

_____. "O Sagrado na psicoterapia". *In:* ANGERAMI--CAMON, Valdemar Augusto (org.). *Vanguarda em Psicoterapia Fenomenológico-Existencial.* São Paulo: Pioneira, 2004, p. 1-26.

GOFFMAN, Erving. *Manicômios, Prisões e Conventos.* São Paulo: Editora Perspectiva, 1974.

GOMES, W. B., HOLANDA, A. F., & GAUER, G. "A Psicologia Humanista no Brasil", *Museu Virtual da Psicologia no Brasil.* Porto Alegre: 2004.

GRENBERD, WATSON & LIETAER. *Handbook of Experiential Psychoterapy.* Nova Iorque/Londres: The Guilford Press, s/d.

GROM, Bernhard. *Psicología de la Religión.* Barcelona: Herder, 1994.

GUGGENBÜHL-CRAIG, Adolf. *O Abuso do Poder na Psicoterapia e na Medicina, Serviço Social, Sacerdócio e Magistério.* Rio de Janeiro: Achiamé, 1978.

HIGHWATER, Jamake. *Mito e Sexualidade.* São Paulo: Saraiva, 1992.

HILLMAN, James. *Picos e Vales.* Disponível em <http://www.rubedo.psc.br/Artlivro/picovale.htm>. Acesso em: 2 nov. 2004.

HINKERLAMMERT, Franz J. *Sacrifícios humanos e sociedade ocidental: Lúcifer e a Besta*. São Paulo: Paulus, 1995.

HIRIART, Gonzalo M. *La Vida Sacerdotal en Tiempos de Cambio: Trabajo, Sentido de Pertenencia, Redes Sociales y Crisis en los Sacerdotes Chilenos Hoy*. Santiago: Centro de Investigaciones Socioculturales, 2002.

HOLANDA, Adriano F. (org.). *Psicologia, Religiosidade e Fenomenologia*. Campinas: Editora Átomo, 2004.

HOPCKE, Robert H., *Jung, os Junguianos e a Homossexualidade*. São Paulo: Siciliano, 1993.

HOUTART, François. *Sociologia da Religião*. São Paulo: Ática, 1994.

HUISMAN e VERGEZ, André. *Compêndio Moderno de Filosofia: A ação*. Rio de Janeiro: Freitas Bastos, 1966.

HYCNER, Richard. *De Pessoa a Pessoa*. São Paulo: Summus, 1995.

HYCNER, Richard e JACOBS, Lynne. *Relação e Cura em Gestalt-terapia*. São Paulo: Summus, 1997.

JULIANO, Jean C. *A Arte de Restaurar Histórias: O Diálogo Criativo no Caminho Pessoal*. São Paulo: Summus, 1999.

KEEN, Ernest. *Introdução à Psicologia Fenomenológica*. Rio de Janeiro: Interamericana, 1979.

LEERS, Bernardino e TRASFERETTI, José. *Homossexuais e Ética Cristã*. Campinas: Átomo, 2002.

LESCOVAR, Gabriel Zaia. *Um Estudo Sobre as Consultas Terapêuticas de D. W. Winnicott*. São Paulo: Departamento de

Psicologia, Pontifícia Universidade Católica, 2001 (Dissertação de Mestrado).

LIBANIO, J. B. *A Vida Religiosa na Crise da Modernidade Brasileira*. São Paulo: Loyola, 1995.

LIMA, Lana Lage da Gama. *Mulheres, Adúlteros e Padres: História e moral na sociedade brasileira*. Rio de Janeiro: Dois Pontos, 1987.

LOFFREDO, Ana Maria. *A Cara e o Rosto – Ensaio sobre a Gestalt-terapia*. São Paulo: Escuta, 1994.

LOPES, Gerson et al. *Patologia e Terapia Sexual*. Rio de Janeiro: Médica e Científica, 1994.

LORENZ, Konrad. *A Demolição do Homem: Crítica à Falsa Religião do Progresso*. São Paulo: Brasiliense, 1986.

LOTUFO Neto, Francisco. *Psiquiatria e Religião: A prevalência de Transtornos Mentais entre Ministros Religiosos*. São Paulo: Departamento de Psiquiatria, Universidade de São Paulo, 1997 (Tese de livre-docência).

LOWEN, Alexander. *A Espiritualidade do Corpo: Bioenergética para a Beleza e a Harmonia*. São Paulo: Cultrix, 1993.

MASSIMI, Marina e MAHFOUD, Miguel. *Diante do Mistério: Psicologia e Senso Religioso*. São Paulo: Loyola, 1999.

MAY, Rollo. *Eros e Repressão: Amor e Vontade*. Petrópolis: Vozes, 1973.

_____. *Liberdade e Destino*. Porto Alegre: Rocco, 1987.

_____. *A Descoberta do Ser*. Rio de Janeiro: Rocco, 1988.

MAY, Rollo. *A Procura do Mito*. São Paulo: Manole, 1992.

_____. *Minha Busca da Beleza*. Petrópolis: Vozes, 1992.

MEIRELES, Regina M.; SANCHEZ, Joaquin M.; VALLE, Edênio. *Sexualidade: Cultura Ética e Vida Religiosa*. São Paulo: Loyola, 1999.

MÉZERVILLE, Gaston. *Maturidade Sacerdotal e Religiosa: Um Enfoque Integrado entre Psicologia e Magistério*. São Paulo: Paulus, 2000, 2 vols.

MILES, Jack. *Deus: Uma biografia*. São Paulo: Companhia das Letras, 1997.

MONICK, Eugene. *Falo – A Sagrada Imagem do Masculino*. São Paulo: Paulinas, 1993.

_____. *Castração e Fúria masculina*. São Paulo: Paulinas, 1993.

MORANO, Carlos Dominguez. "Sexualidade e Celibato: Considerações Psicanalíticas". *REVER*, 1: 50-86, 2006.

MORATO, Henriette T. P. *Aconselhamento Psicológico Centrado nna Pessoa*. São Paulo: Casa do Psicólogo, 1999.

MOSER, Antônio e LEERS, Bernardino. *Teologia Moral: Impasses e Alternativas*. 3. ed. Petrópolis: Vozes, 1996.

MUÑOZ, Fernando A. *Psicología y Religión: Un Diálogo Necesario*. São José da Costa Rica: Editorama, 2002.

MURARO, Rose Marie e CINTRA, Raimundo. *As Mais Belas Orações de Todos os Tempos*. São Paulo: Editora Pensamento, 2001.

NEVILLE, Robert Cummings (org.). *Ultimates Realities: A Volume in a Comparative Religious Ideas Project*. State university of New York Press, 2001.

ORO, Ari P.; STEIL, Carlos A. (orgs.). *Globalização e Religião*. Petrópolis: Vozes, 1997.

OSÓRIO, Luís Carlos. *Adolescente Hoje*. Porto Alegre: Artes Médicas, 1991.

PAIVA, Geraldo José de. "Espiritualidade na psicologia e psicologia na espiritualidade". *Magis, Cadernos de Fé e Cultura*, 47: 9-20, 2005.

PARRINDER, Geoffrey. *Sexualidade e Moral nas Religiões do Mundo*. Mem Martins: Publicações Europa-América, 1999.

PEREIRA, Josias. *A Fé como Fenômeno Psicológico*. São Paulo: Escrituras, 2003.

PEREIRA, William C. C. *A Formação Religiosa em Questão*. Petrópolis: Vozes, 2004.

PERLS, Frederick S. *A Abordagem Gestáltica e Testemunha Ocular da Terapia*. Rio de Janeiro: Zahar Editores, 1977.

PERLS, Frederick S. et al. *Isso é Gestalt*. São Paulo: Summus, 1977.

PERLS, Frederick S. *Ego, Hunger and Aggression: The Gestalt Therapy of Sensory Awakening Through Spontaneous Personal Encounter, Fantasy and Contemplation*. Nova Iorque: Vintage Books, 1969.

PERLS, Frederick S. *Gestalt-terapia Explicada (Gestalt Therapy Verbatim)*. São Paulo: Summus, 1977.

PERLS, Frederick S. *Escarafunchando Fritz: Dentro e Fora da Lata de Lixo*. São Paulo: Summus, 1979.

_____. *Ego, Fome e Agressão: Uma Revisão da Teoria e do Método de Freud*. São Paulo: Summus, 2002.

PERLS, Frederick S.; HEFFERLINE, Ralph e GOODMAN, Paul. *Gestalt-terapia*. São Paulo: Summus, 1997.

PERVIN, Lawrence A. *Personalidade: Teoria, Avaliação e Pesquisa*. São Paulo: EPU, 1978.

PIAZZA, Waldomiro O. *Introdução à Fenomenologia Religiosa*. Petrópolis: Vozes, 1976.

PINTO, Ênio Brito. "Reflexões sobre Solidariedade, Educação e Postura de Vida". *In:* HOLANDA, Adriano F. (org.) *Psicologia, Religiosidade e Fenomenologia*. Campinas: Átomo, 2004, p. 147-162.

_____. *A Psicoterapia de Curta Duração na Abordagem Gestáltica: Elementos para a Prática Clínica*. São Paulo: Summus, 2009.

_____. *Elementos para uma compreensão diagnóstica em psicoterapia: O ciclo de contato e os modos de ser*. São Paulo: Summus, 2015

_____. (org.). *Gestalt-terapia: Encontros*. São Paulo: IGSP, 2009.

_____. "Espiritualidade e Religiosidade: Articulações". Disponível em: <www.pucsp.br/rever/rv4_2009/t_brito.pdf>. Acesso em: 08 out. 2018.

POLSTER, Erving e POLSTER, Miriam. *Gestalt-terapia Integrada*. Belo Horizonte: Interlivros, 1979.

POMPÉIA, João Augusto e SAPIENZA, Bilê T. *Na Presença do Sentido: Uma Aproximação Fenomenológica a Questões Existenciais Básicas*. São Paulo: EDUC e Paulus, 2004.

PORCHAT, Ieda e BARROS, Paulo E. F. *Ser Terapeuta: Depoimentos*. São Paulo: Summus, 1985.

RIBEIRO, Jorge Ponciano. *Gestalt-terapia: Refazendo um Caminho*. São Paulo: Summus, 1985.

_____. *Gestalt-terapia, o Processo Grupal: Uma Abordagem Fenomenológica da Teoria do Campo e Holística*. São Paulo: Summus, 1994.

_____. *Gestalt-terapia de Curta Duração*. São Paulo: Summus, 1999.

RIBEIRO, Lúcia. *Sexualidade e Reprodução: O que os Padres Dizem e o que Deixam de Dizer*. Petrópolis: Vozes, 2001.

RIBEIRO, Walter. *Existência Essência: Desafios Teóricos e Práticos das Psicoterapias Relacionais*. São Paulo: Summus, 1998.

RODRIGUES JUNIOR, Oswaldo Martins. *Objetos do Desejo: Das Variações Sexuais, Perversões e Desvios*. São Paulo: Iglu, 2000.

ROGERS, Carl; STEVENS, Barry. *De Pessoa para Pessoa: O Problema de Ser Humano*. São Paulo: Pioneira, 1977.

ROGERS, Carl R. *Um Jeito de Ser*. São Paulo: EPU, 1983.

_____. *Psicoterapia e Consulta Psicológica*. São Paulo: Martins Fontes, 1987.

ROSENBERG, Rachel L. (org.). *Aconselhamento Psicológico Centrado na Pessoa.* São Paulo: EPU, 1987.

SANDFORD, J. A. *Os Parceiros Invisíveis.* São Paulo: Paulinas, 1986.

SAFFIOTTI, Luisa M. "Orientaciones para el Manejo de Conflictos Relacionados con la Expresión de la Afectividad y Sexualidad en Sacerdotes y Personas en Vida Consagrada: Procesos de Formación". *Humanitas: Revista de Investigación,* 2 (2): 38-67, 2006 (San José).

SANTIDRIÁN, Pedro R. *Dicionário Básico de las Religiones.* Estella: Verbo Divino, 1996.

SANTOS, Antonio M. *Quando Fala o Coração: A Essência da Psicoterapia Centrada na Pessoa.* Porto Alegre: Artes Médicas, 1987.

SANTOS, Oswaldo de Barros. *Aconselhamento Psicológico & Terapia: Autoafirmação, um Determinante Básico.* São Paulo: Pioneira, 1982.

SCHEEFER, Ruth. *Aconselhamento Psicológico.* Rio de Janeiro: Fundo de Cultura, 1964.

SECONDIN, Bruno. *Por Uma Fidelidade Criativa: A Vida Consagrada Depois do Sínodo.* São Paulo: Paulinas, 1997.

SINGER, J. *Androgyny – The Opposites Within.* Boston: Sigo Press, 1989.

SPERRY, Len. *Sexo, Sacerdocio e Iglesia.* Santander: Sal Terrae, 2003.

STOLLER, Robert. *Masculinidade e Feminilidade – Apresentações do Gênero*. Porto Alegre: Artes Médicas, 1993.

TEIXEIRA, Faustino. *A(s) Ciência(s) da Religião no Brasil*. São Paulo: Paulinas, 2001.

TELLEGEN, Therese A. *Gestalt e Grupos: Uma perspectiva Sistêmica*. São Paulo: Summus, 1984.

_____. *Gestalt-terapia*. Seminário I do CEGSP, Centro de Estudos de Gestalt de São Paulo, 1989 em 1986.

_____. *Textos Inéditos de Therese Tellegen*. São Paulo: Centro de Estudos de Gestalt de SP, 1989.

TRASFERETTI, José (org.). *Teologia e Sexualidade: Um Ensaio contra a Exclusão Moral*. Campinas: Átomo, 2004.

VALLE, João Edênio R. *Psicologia e Experiência Religiosa*. São Paulo: Loyola, 1998.

_____. "Experiência Religiosa: Enfoque Psicológico". In: BRITO, Ênio José da Costa e GORGULHO, Gilberto da S. (orgs.). *Religião Ano 2000*. São Paulo: Loyola, 1998.

VALLE, João Edênio R. (org.). *Padre, Você é Feliz?: Uma Sondagem Psicossocial Sobre a Realização Pessoal dos Presbíteros do Brasil*. São Paulo: Loyola, 2003.

_____. "Sexualidade Humana e Experiência Religiosa". *Estudos da Religião*, 66-84, jun. 2006 (São Paulo).

VERAS, Roberto Peres. *Ilumina-ação: Diálogos entre a Gestalt-terapia e o Zen-Budismo*. São Paulo: Departamento de Psicologia, Pontifícia Universidade Católica, 2005 (Dissertação de Mestrado).

VILLAÇA, Antonio C. *O Pensamento Católico no Brasil*. Rio de Janeiro: Civilização Brasileira, 2006.

VITIELLO, N. e RODRIGUES Jr., O. M. *As Bases Anatômicas e Funcionais do Exercício da Sexualidade*. São Paulo: Iglu, 1997.

VV.AA. *Interfaces do Sagrado em Véspera de Milênio*. São Paulo: Olho-d'Água, 1996.

VV.AA. *Entre Necessidade e Desejo: Diálogos da Psicologia com a Religião*. São Paulo: Loyola, 2001.

WINNICOTT, Donald W. *O Brincar e a Realidade*. Rio de Janeiro: Imago, 1971.

_____. *Tudo Começa em Casa*. São Paulo: Martins Fontes, 1996.

WULFF, David. *Psychology of Religion: Classic and Contemporary*. Nova Iorque: John Wiley & Sons, 1997.

ZINCKER, Joseph C. *A Busca da Elegância em Psicoterapia: Uma Abordagem Gestáltica com Casais, Famílias e Sistemas Íntimos*. São Paulo: Summus, 2001.